edition suhrkamp

Redaktion: Günther Busch

Bertolt Brecht, geboren am 10. Februar 1898 in Augsburg, starb am 14. August 1956 in Berlin.

Während sich Regisseure seiner Stücke immer mehr von der Regiekonzeption Brechts entfernen, bleibt dem Leser der Lyrik die Möglichkeit des direkten Zugangs zum Text. Die Stunde der Lyrik Brechts ist endgültig gekommen. Lesen als produktives Lesen – dieser Gedanke liegt dem Band ausgewählter Gedichte Brechts mit Interpretationen zugrunde, der zum 80. Geburtstag Brechts erscheint und ein Dokument der Wirkung Brechts und der heutigen Auseinandersetzung mit ihm sein soll. Um eine kritische Bestandsaufnahme bemühen sich Schriftsteller – zum überwiegenden Teil selbst Lyriker –, Literaturkritiker und Literaturwissenschaftler. Die Sammlung ist für das Interesse der Autoren (Interpreten) und für das lyrische Werk Brechts gleichermaßen repräsentativ; die wichtigsten Lebensphasen Brechts und die einzelnen Perioden seiner Lyrik sind angemessen berücksichtigt. Mit der Vielfalt der Deutungen erweist dieser Band – ein Forum für die Vertreter verschiedener Generationen, verschiedener Lesehaltungen und verschiedener (politischer) Standpunkte – die Lyrik Brechts als ungebrochen lebendig.

Ausgewählte Gedichte Brechts mit Interpretationen

Herausgegeben von Walter Hinck

Suhrkamp Verlag

edition suhrkamp 927
2. Auflage, 8.-10. Tausend 1979

Satz, in Linotype Garamond, Druck und Bindung bei Georg Wagner, Nördlingen.
Gesamtausstattung Willy Fleckhaus.

Inhalt

Walter Hinck
Vorwort

Die Stunde der Lyrik Brechts ist (endgültig) gekommen

Als im Jahre 1950 Hannah Arendt in ihrem Brecht-Essay den Lyriker und Balladenautor Brecht über den Stückeschreiber stellte, wurde das Urteil mit achtungsvoller Nachsicht aufgenommen, und nur wenige dachten daran, es wirklich ernst zu nehmen. Brecht hatte gerade, durch die inzwischen legendäre Inszenierung der *Mutter Courage* im »Berliner Ensemble«, den Grund gelegt für ein neues Mekka der Theaterkunst. Wer sich in den Jahren bis zu seinem Tod (1956) aus der östlichen wie der westlichen Welt nach Berlin aufmachte, ihn zu besuchen, tat es, um den Theaterautor und Regisseur, nicht den Lyriker Brecht zu sehen. Die Auswahl *Hundert Gedichte* machte erst ab 1951 die Runde. Aber auch der tiefe Eindruck, den zumal einige Exilgedichte hinterließen, verdrängte nicht die Faszination, die vom Theatermann Brecht ausging. In der Lyrik wurde – zumindest im westlichen Deutschland – Gottfried Benn zum Mann der Stunde.

Zu Anfang der sechziger Jahre leitete Walter Jens sein Nachwort zu Siegfried Unselds Auswahl von Gedichten Brechts mit dem Satz ein: »Jedes Jahr eine neue Dissertation, die sich mit der Theorie des epischen Theaters beschäftigt.« Von der Lyrik dagegen hieß es: »Sie steht im Zentrum des Brecht'schen œuvres – und ist doch, sieht man von bedeutungsvollen Hinweisen Hans Mayers ab, bisher recht stiefmütterlich behandelt worden.« Auch heute noch überwiegen unter den Stapeln von Sekundärliteratur, die in den Bibliotheken anfallen, die Publikationen zum Theater Brechts. Und doch ist etwas Entscheidendes geschehen. Eine Umwertung bahnt sich an, nein, hat schon stattgefunden. So schreibt Max Frisch im Zusammenhang mit der Vorbereitung dieses Auswahl- und Interpretationsbandes: »das Brecht-Theater befindet sich in einer Erstarrung, aber seine Lyrik bleibt Lava.«

Man muß das harte Urteil über das Theater Brechts nicht teilen und wird doch dem Satz über die Lyrik voll beistimmen. Nicht zufällig ist es zu Brechts achtzigstem Geburtstag ein Band zur Lyrik, der seine vielfältigen heutigen Wirkungen spiegeln soll.

Nach wie vor steht in den Spielplan-Statistiken der Name Brechts in der ersten Reihe. Aber die Aufführungen der Stücke lösen sich mehr und mehr von seiner Theaterkonzeption. Die Krisen im »Berliner Ensemble« sind Krisen in der Verwaltung des Erbes; selbst hier schützt die Modell-Inszenierungen Brechts nicht mehr der Mantel seiner Autorität. Andernorts, zumal im Ausland, findet Respektlosigkeit den Mut zu Forderungen wie: man muß Brecht verraten, um ihn gut zu spielen. Unter den Brecht-Anhängern wächst die Zahl der Häretiker. Ohnehin geht in einer Epoche, in der Regisseure wie absolute Monarchen regieren, der Konflikt der Autoritäten zuungunsten des Stückeschreibers aus. Und immer sind die Dramentexte, sollen sie zu der in ihnen angelegten Wirkung gelangen, auf Vermittlung angewiesen, auf die Vermittlung durch das Bühnenkunstwerk.

Hier liegt die Chance der Lyrik. Zu ihr tritt der Leser, der je verschiedene Leser, in eine unmittelbare Beziehung (in eine persönlichere auch als zum Roman, zur Prosa). In einer Zeit, da sich die geschichtlich gebotene Darstellung der Stücke Brechts von seiner eigenen Vermittlungskonzeption merklich entfernt, wo sich aber auch zwischen Brecht und das Publikum immer stärker die Regisseure schieben, lockt die Möglichkeit des direkten Zugangs zum Text, des ungebrochenen Dialogs mit dem Autor. Die Stunde der Lyrik Brechts ist endgültig gekommen.

Lesen als produktives Lesen, das Lesen als Dialog mit dem Autor – von diesem Grundgedanken her rechtfertigt sich unser Band. Der Dialog wird aus einer anderen geschichtlichen Situation geführt als zu jener Zeit, da der heimgekehrte Brecht die lyrische Ernte des Exils auszubreiten begann. Schon bald nahmen Lyriker wie Hans Magnus Enzensberger, Erich Fried oder Wolf Biermann – ihre Antwortgedichte zeigten es – Brechts *An die Nachgeborenen* anders auf als Max Frisch, der das Gedicht im Jahre 1947 kennenlernte, als Brecht selbst es einmal während seines Zwischenaufenthalts in Zürich vorlas. Heute löst das Gedicht schon wieder neue Fragen aus. Weil kein literarischer Text die Erfahrungen seines Autors so konzentriert und so unmittelbar auszudrücken vermag wie das Gedicht, erhält auch keiner so spontane Dialogantwort aus einem anderen Zeithorizont heraus, von einem anderen historischen Kraftfeld her. Im Lesen des Gedichts werden die Stromkreise verschiedener geschichtlicher Erfahrungen kurzgeschlossen.

Der wachsende zeitliche Abstand zur Entstehung, der so viele literarische Serienprodukte auf die Abfallhaufen für Makulatur bringt, hat dem lyrischen œuvre Brechts nichts anzuhaben vermocht. Im Gegenteil. Es brauchte Zeit – und wird noch Zeit brauchen –, die in ihm gespeicherten Bestände an künstlerisch verarbeiteter Erfahrung überhaupt zu sichten. Dabei mögen hin und wieder Brechts theoretische Aussagen zur Lyrik hilfreich sein, zumal sie – ohnehin von weitaus bescheidenerem Umfang als die Schriften zum Theater – nur sein allgemeines Lyrikverständnis und nicht besondere eigene Texte erläutern (also auch nicht imstande wären, den Zugang zu den Gedichten zu verstellen). Die Formel vom »Gebrauchswert« der Lyrik (aus Brechts Bericht zum Lyrik-Wettbewerb der *Literarischen Welt*, 1927) ist heute eher schon abgegriffen. Beim Wort genommen aber wird der Satz: »Alle großen Gedichte haben den Wert von Dokumenten.«

Unser Band soll Dokument der Wirkung solcher Dokumente und der heutigen Auseinandersetzung mit ihnen sein, also eine Bestandsaufnahme (es könnte sich nicht um Brechts Gedichte handeln, wenn sie nicht zugleich eine kritische wäre). Um diese Bestandsaufnahme bemühen sich Schriftsteller – zum überwiegenden Teil selbst Lyriker –, Literaturkritiker und Literaturwissenschaftler. Für manchen Autor sind Sätze über Brecht zugleich Kommentare zu eigenen schriftstellerischen Versuchen; in einem dieser Kommentare wird sogar die lyrische Form beibehalten (Jürgen Becker).

Grundsätzlich stand die Auswahl des Gedichts den Mitarbeitern frei. Da aber der Band nicht Vorzugsgedichte ausstellen, sondern eine für das Autoreninteresse und das lyrische Werk Brechts gleichermaßen repräsentative Sammlung sein sollte, war der freien Wahl ein gewisses Gerüst vorgegeben. Die wichtigsten Lebensphasen Brechts und die einzelnen Perioden seiner Lyrik mußten vertreten sein und in ein angemessenes Verhältnis zueinander gesetzt werden. In dieser exemplarischen Reihe von der *Hauspostille* bis zu den *Buckower Elegien* und den Gedichten aus deren Umkreis war für Doppelinterpretationen, so reizvoll sie hätten sein können, kein Platz.

In einem Falle ist der Grundsatz, mit dieser Sammlung unser gegenwärtiges Verständnis der Gedichte Brechts zu dokumentieren, durchbrochen. Es galt das Entwicklungsmoment im Wirkungsprozeß bewußt zu machen und den Gedichtinterpretationen eine geschichtliche Folie zu geben, also den Band um die Spannung zwischen einer früheren Antwort und den jetzigen Antworten zu bereichern. Kein Beitrag bot sich mehr an als Max Frischs Essay aus dem *Tagebuch 1946-1949:* Hier ist beispielhaft beschrieben, was Brechts Gedichte so sehr befähigt, der Wirklichkeit und dem Zeitenlauf standzuhalten; zugleich aber spiegelt sich hier die Situation des Hörers und Lesers, wie ihn Brecht bei seiner Rückkehr aus dem Exil vorfand.

Der heutige Leser kommt durch eine Vielfalt der Stimmen zu Wort, in einem Band, der Forum für die Vertreter verschiedener Generationen, verschiedener Lesegewohnheiten, verschiedener (politischer) Standpunkte ist. Erst im Widerspiel der Deutungen erweist sich die Lyrik Brechts als wirklich lebendig.

Max Frisch
Gedichte, die standhalten

(Aus dem ›Tagebuch 1946-1949‹)

S. 222 - 228
Suhrkamp-Verlag Ffm. 1950

Im Gegensatz zur englischen und französischen Sprache, die eine moderne Lyrik haben, gibt es offensichtlich wenig deutsche Gedichte, die nicht antiquarisch sind – antiquarisch schon in ihrer Metaphorik; sie klingen oft großartig, dennoch haben sie meistens keine Sprache: keine sprachliche Durchdringung der Welt, die uns umstellt. Die Sense des Bauern, die Mühle am Bach, die Lanze, das Spinnrad, der Löwe, das sind ja nicht die Dinge, die uns umstellen. Das Banale der modernen Welt (jeder Welt) wird nicht durchstoßen, nur vermieden und ängstlich umgangen. Ihre Poesie liegt immer *vor* dem Banalen, nicht *hinter* dem Banalen. Keine Überwindung, nur Ausflucht – in eine Welt nämlich, die schon gereimt ist, und was seither in die Welt gekommen ist, was sie zu unsrer Welt macht, bleibt einfach außerhalb ihrer Metaphorik . . . Die Angst vor dem Banalen: man stellt Blumen auf den Tisch, um Gedichte vorzulesen, und einen Kerzenleuchter, man zieht die Vorhänge, Verdunkelung des Bewußtseins; der Dichter ist vielleicht mit dem Flugzeug gekommen, mindestens mit einem Wagen, aber die Gedichte, die er vorzulesen hat, möchten dem Geräusch eines fernen Motors nicht standhalten: nicht weil wir seine Wörter schlechter vernehmen, sondern weil wir dann allzu deutlich merken, daß er gar nicht die Welt dichtet, die uns und ihn umstellt. Wie will der mich versetzen? Oder wir stellen das Radio an; nach einem halben Satz weiß man: Poesie! denn so spricht kein Mensch, der etwas Ernstes mitzuteilen hat. Das einzige Gefühl, das sein Singsang in mir erzeugt: Der macht sich etwas vor, Ehrfurcht zum Beispiel, weil er ein paar gereimte Zeilen sieht, und dann gibt er nicht einmal zu, daß es ihn selber nicht erreicht, ja, er fühlt es offenbar selber, daß etwas nicht stimmt, drum macht er Singsang, um mein Bewußtsein einzulullen, und das Ärgerliche daran, daß er von mir verlangt, ich solle mich jetzt ebenfalls verstellen, nur damit ich mich für musisch halten darf – das alles ist nicht nötig bei einem wirklichen Gedicht: weil es der Welt, in die es gesprochen wird, standzuhalten vermag; weil es eben diese Welt, ihr nicht ausweichend, sprachlich durchdringt.

»Die Vaterstadt, wie find ich sie doch?
Folgend den Bomberschwärmen
komm ich nach Haus.
Wo denn liegt sie? Wo die ungeheueren
Gebirge von Rauch stehen.
Das in den Feuern dort
ist sie.

Die Vaterstadt, wie empfängt sie mich wohl?
Vor mir kommen die Bomber. Tödliche Schwärme
melden euch meine Rückkehr. Feuersbrünste
gehen dem Sohn voraus.«

Einer von den wenigen, deren Gedichte in diesem Sinne standhalten, ist Brecht. Ich muß, damit dieses Gedicht mich erreicht, nicht rauschhaft sein oder müde, was so viele für Innerlichkeit halten. Es bleibt ein Gedicht, auch wenn ich es in einer Küche sage: ohne Kerzen, ohne Streichquartett und Oleander. Es geht mich etwas an. Und vor allem: Ich muß nichts vergessen, um es ernstnehmen zu können. Es setzt keine Stimmung voraus; es hat auch keine andere Stimmung zu fürchten. Das allermeiste, was sich für Poesie hält, wird zur krassen Ironie, wenn ich es nur einen einzigen Tag lang mit meinem Leben konfrontiere. Die romantische Ironie ist der Kniff, diese Ironie vorwegzunehmen, und das Eingeständnis, daß die Poesie sich vom wirklichen Lebensgefühl ablöst. Heine kann sich selber nicht trauen, obschon die Gefühle, die er singt, in hohem Grade gefühlt sein mögen; aber sie halten allem andern, was er weiß, nicht stand. Hinter der Rose, um es kraß zu sagen, steht die Syphilis. Sein Bewußtsein, das in seiner Poesie nicht enthalten ist, nötigt ihn, als erster seine Poesie zu verulken, zu zeigen, daß er sie selber nicht ernst nimmt: weil sie hinter seinem Bewußtsein zurückbleibt, seinem Bewußtsein nicht standhält. Er kommt sich doppelzüngig vor, ein Gefühl, das so vielen Poeten anstehen würde. Heine ist ehrlich, insofern wertvoll. Aber der nächste Schritt ist wohl, noch ehrlicher zu werden: nämlich nicht zu dichten, was die Vorfahren gemäß ihrem Bewußtsein zur Poesie gebracht haben, sondern wirklich zu dichten, unsere Welt zu dichten. Dann ist es auch so, daß man das Bewußtsein nicht zu fürchten hat und die Ironie nicht braucht, so wenig wie die Vorhänge, die Kerzen und Oleander: weil keine Verstellung dabei ist, keine Doppelzüngigkeit ... Es bleibt sagbar:

An die Nachgeborenen

»Wirklich, ich lebe in finsteren Zeiten!
Das arglose Wort ist töricht. Eine glatte Stirn
deutet auf Unempfindlichkeit hin. Der Lachende
hat die furchtbare Nachricht
nur noch nicht empfangen.
Was sind das für Zeiten, wo
ein Gespräch über Bäume fast ein Verbrechen ist,
weil es ein Schweigen über so viele Untaten einschließt.«

Und später:

»Ich wäre auch gern weise.
In den alten Büchern steht, was weise ist:
Sich aus dem Streit der Welt halten und die kurze Zeit
ohne Furcht verbringen,
auch ohne Gewalt auskommen,
Böses mit Gutem zu vergelten,
seine Wünsche nicht erfüllen, sondern vergessen,
gilt für weise.
Alles das kann ich nicht:
Wirklich, ich lebe in finsteren Zeiten!

In die Städte kam ich zur Zeit der Unordnung,
als da Hunger herrschte.
Unter die Menschen kam ich zur Zeit des Aufruhrs,
und ich empörte mich mit ihnen.
So verging meine Zeit,
die auf Erden mir gegeben war.

Mein Essen aß ich zwischen den Schlachten.
Schlafen legte ich mich unter die Mörder.

Der Liebe pflegte ich achtlos,
und die Natur sah ich ohne Geduld.
So verging meine Zeit,
die auf Erden mir gegeben war.

Die Straßen führten mich in den Sumpf zu meiner Zeit.
Die Sprache verriet mich dem Schlächter.
Ich vermochte nur wenig. Aber die Herrschenden
saßen ohne mich sicherer, das hoffte ich.
So verging meine Zeit,
die auf Erden mir gegeben war.

Die Kräfte waren gering. Das Ziel
lag in großer Ferne.
Es war deutlich sichtbar, wenn auch für mich
kaum zu erreichen.
So verging meine Zeit,
die auf Erden mir gegeben war ...«

Wie Brecht uns dieses Gedicht vorgelesen hat: schüchtern, nicht verkrampft, er ist kein andrer als zuvor und nachher, seine Stimme ist leise, ohne Veränderung eines mundartlichen Klanges, fast lispelnd, aber deutlich und genau vor allem im Rhythmus, scheinbar ohne Betonung, sachlich, Worte zeigend, wie man Kieselsteine zeigt, Gewebe oder andere Dinge, die für sich selbst sprechen müssen; Haltung eines Mannes, der, seine Zigarre rauchend, genötigt ist, einen Text abzulesen, einfach weil nicht jedermann diesen Text in der Hand hat; ungefähr wie man einen Brief vorliest: mitteilend. Und es stört nicht, wenn es klingelt, wenn ein weiterer Besuch kommt oder wenn die Tochter, da es keinen andern Weg gibt, durchs Zimmer geht. »Ich lese«, sagt er zu dem Ankömmling, »gerade ein Gedicht; es heißt: An die Nachgeborenen.« Sagt es, damit dieser mit seinem Gespräch noch wartet, und liest weiter, mitteilend, was weiter er den Nachgeborenen sagen möchte:

»Ihr, die ihr auftauchen werdet aus der Flut,
in der wir untergegangen sind,
gedenket,

wenn ihr von unseren Schwächen sprecht,
auch der finsteren Zeit,
der ihr entronnen seid.

Gingen wir doch, öfter als die Schuhe die Länder wechselnd,
durch die Kriege der Klassen, verzweifelt,
wenn da nur Unrecht war und keine Empörung.
Dabei wissen wir ja:
auch der Haß gegen die Niedrigkeit
verzerrt die Züge.
Auch der Zorn über das Unrecht
macht die Stimme heiser. Ach, wir
die wir den Boden bereiten wollten für die Freundlichkeit,
konnten selber nicht freundlich sein.

Ihr aber, wenn es soweit sein wird,
daß der Mensch dem Menschen ein Helfer ist,
gedenket unsrer
mit Nachsicht.«

Die übliche Pause, die nach Vorlesung eines Gedichtes einzutreten pflegt, da wir, sozusagen aus der Kirche tretend und plötzlich ohne Orgel, etwas geblendet in die Welt zurückkehren müssen, die halt sehr anders ist als die Poesie – diese Pause ist nicht nötig; das Gedicht, das wirkliche, hat die wirkliche Welt nicht zu scheuen; es hält stand, auch wenn es klingelt und ein unvermuteter Gast kommt, der, während wir noch den gleichen Kaffee in der Tasse haben, von seiner vierjährigen Kerkerzeit berichtet . . .

»Wirklich, ich lebe in finsteren Zeiten!«

Nicht alle seine Gedichte haben dieses Standhaltende, dieses Jederzeit-Sagbare. Die Schwäche der andern, finde ich, ist freilich nicht das Nur-Ästhetische, aber das Nur-Ideologische, eine andere Art, nicht wirklich zu sein.

1

Ich, Bertolt Brecht, bin aus den schwarzen Wäldern.
Meine Mutter trug mich in die Städte hinein
Als ich in ihrem Leibe lag. Und die Kälte der Wälder
Wird in mir bis zu meinem Absterben sein.

2

In der Asphaltstadt bin ich daheim. Von allem Anfang
Versehen mit jedem Sterbsakrament:
Mit Zeitungen. Und Tabak. Und Branntwein.
Mißtrauisch und faul und zufrieden am End.

3

Ich bin zu den Leuten freundlich. Ich setze
Einen steifen Hut auf nach ihrem Brauch.
Ich sage: Es sind ganz besonders riechende Tiere
Und ich sage: Es macht nichts, ich bin es auch.

4

In meine leeren Schaukelstühle vormittags
Setze ich mir mitunter ein paar Frauen
Und ich betrachte sie sorglos und sage ihnen:
In mir habt ihr einen, auf den könnt ihr nicht bauen.

5

Gegen Abend versammle ich um mich Männer
Wir reden uns da mit »Gentlemen« an.
Sie haben ihre Füße auf meinen Tischen
Und sagen: Es wird besser mit uns. Und ich
frage nicht: Wann?

6

Gegen Morgen in der grauen Frühe pissen die Tannen
Und ihr Ungeziefer, die Vögel, fängt an zu schrein.
Um die Stunde trink ich mein Glas in der Stadt aus
und schmeiße
Den Tabakstummel weg und schlafe beunruhigt ein.

7

Wir sind gesessen, ein leichtes Geschlechte
In Häusern, die für unzerstörbare galten
(So haben wir gebaut die langen Gehäuse des
Eilands Manhattan
Und die dünnen Antennen, die das Atlantische Meer
unterhalten).

8

Von diesen Städten wird bleiben: der durch sie
hindurchging, der Wind!
Fröhlich machet das Haus den Esser: er leert es.
Wir wissen, daß wir Vorläufige sind
Und nach uns wird kommen: nichts Nennenswertes.

9

Bei den Erdbeben, die kommen werden, werde ich
hoffentlich
Meine Virginia nicht ausgehen lassen durch Bitterkeit
Ich, Bertolt Brecht, in die Asphaltstädte verschlagen
Aus den schwarzen Wäldern in meiner Mutter in
früher Zeit.

Wulf Segebrecht
Vom armen B. B.

»Lyrik muß zweifellos etwas sein, was man ohne weiteres auf den Gebrauchswert untersuchen können muß.« Sehr apodiktisch klingt diese inzwischen vielzitierte Forderung Brechts, sehr einseitig und jedenfalls sehr auffallend. Brecht erhob sie, als er – Preisrichter in einem Lyrikwettbewerb – unter 400 Einsendern von Gedichten keinen einzigen fand, dem er den Preis zuerkennen wollte. Ihm schien »das Zeug, das ich hier zu lesen bekommen hatte, keinen rechten Nutzen zu haben«. Das war 1927, im gleichen Jahr, in dem, nach längerer Verzögerung, sein erstes eigenes Gedichtbuch endlich erschien und sofort Aufsehen erregte: *Bertolt Brechts Hauspostille.* »Diese Hauspostille ist für den Gebrauch der Leser bestimmt«, so legt es die dem Buch vorangesetzte »Anleitung zum Gebrauch der einzelnen Lektionen« fest. Man kann daher sagen: Als Kritiker zeitgenössischer Lyrik und als Lyrik-Verfasser exponierte sich Brecht etwa zur gleichen Zeit mit einem ebenso emphatischen wie aufsehenerregenden Plädoyer für brauchbare Gedichte.

Die *Hauspostille* bietet Lyrik für den Hausgebrauch. Sie orientiert sich mit dieser Zweckbestimmung an den weitverbreiteten Formen der religiösen Gebrauchsliteratur: an den Postillen, Brevieren, Gebet- und Gesangbüchern. Brecht bezieht sich dabei nicht auf nur einen bestimmten Buchtyp (etwa auf den der Postille), sondern auf Elemente aus dem Gesamtbereich der Erbauungsliteratur beider Konfessionen. Das kommt im Titel, in den sehr konkreten Leseanweisungen an den Benutzer (z. B.: ». . . zu lesen in Stunden der Gefahr«), in der Zuordnung der Gedichte zu »Lektionen« (die dann *Bittgänge, Exerzitien, Chroniken, Mahagonnygesänge* und *Die kleinen Tagzeiten der Abgestorbenen* enthalten), in den verwendeten Formen (Liturgie, Choral, Legende) und in den Notenbeigaben deutlich zum Ausdruck. Und ursprünglich hatte Brecht sogar vor, dem Buch schon durch seine äußere Aufmachung (flexibler Leineneinband, Kleinformat 11 × 15 cm, zweispaltiger ›Bibeldruck‹ mit roten Kapitelüberschriften) das Ansehen eines religiösen Gebrauchsartikels zu geben, ein Vorhaben, das nur für den fast textidentischen Privatdruck von *Bertolt Brechts Taschenpostille* (1926) realisiert wurde. Die *Hauspostille* ist durch und durch, im einzelnen und im ganzen, als eine Parodie religiöser Gebrauchsliteratur konzipiert. Ihrerseits für den Gebrauch bestimmt, reagiert sie auf die überlieferten literarischen Gebrauchsformen und zugleich auf den herkömmlichen allgemeinen Umgang mit ihnen: auf die gesellschaftliche Praxis der Erbaulichkeit, auf den Gebrauch, den man von den Gebrauchsformen macht. Eine potenzierte Parodie.

Sie reicht bis in den *Anhang: Vom armen B. B.* hinein, dessen drittes und letztes Gedicht den Titel *Vom armen B. B.* noch einmal aufnimmt. Im Anhang von Erbauungsbüchern finden sich nicht selten biographische oder autobiographische Notizen über den jeweiligen Verfasser sowie Abbildungen (denen in der *Hauspostille* Caspar Nehers Darstellung des »Wasser-Feuer-Menschen« entspricht). Sie stellen dem Benutzer den Autor des Buches beispielhaft vor als frommen, vorbildlichen Christen. Die Geschichte seines Lebens wird dann etwa als Erweckungsgeschichte beschrieben, die exemplarisch den Weg vom armen, in Schuld verstrickten Sünder zu einem Gott wohlgefälligen und den Christenmenschen nützlichen Lehrer verfolgt. Die Autorität seiner Lehre und Botschaft an den Leser seines Buches wird legitimiert durch seinen Lebenslauf.

Dieses Schema greift schon der Titel *Vom armen B. B.* auf: vom »armen« B. B. wird die Rede sein, so signalisiert er; es soll also aus der Perspektive eines urteilenden Dritten über ihn gesprochen werden. Doch die erste Zeile bereits belehrt den Leser eines anderen: B. B. selbst ergreift das Wort. Selbstbewußt und ohne Umschweife spricht er in eigener Person über sich selbst, nennt sich sogar beim vollen Namen in der Anfangsformel »Ich, Bertolt Brecht«. Das ist die seinerzeit übliche, vorschrifts- und ordnungsgemäße Anfangsformel eines Lebenslaufes, wie man ihn z. B. einer Bewerbung beifügte. So stellte man sich vor; so hatte man anzufangen, wenn man präzise biographische Fakten mitzuteilen hatte. Wieder verwendet Brecht hier also ein Stilmittel der Gebrauchsliteratur im Gedicht, wohl wissend, daß in der Lyrik herkömmlicher

Art das »Ich« (als »lyrisches Ich«) gerade jene biographische Präzision nicht beansprucht, die Brechts Eingangsformel verspricht. Hinter dem »lyrischen Ich« der Erlebnislyrik wurde der Autor für den Leser vielmehr nur auf dem Wege der identifizierenden Einfühlung sichtbar: Der Leser versetzte sich in die Situation, von der das Gedicht sprach, indem er dessen »Ich« auf sich selbst anwendete. Nur ein allgemeines, undeutliches, nicht festlegbares Ich erlaubte und ermöglichte solche Identifizierungen: »Ich weiß nicht, was soll es bedeuten, daß ich so traurig bin . . .«, »Ich ging im Walde so für mich hin . . .« – solche Verse können die intime Nähe des Nach- und Mitfühlens vermitteln, womit nicht gesagt ist, daß sie so richtig verstanden werden. Ganz anders das autobiographische Ich, mit dem Brechts Gedicht einsetzt. Es bietet sich nicht zur Einfühlung, sondern zur Kenntnisnahme an. Es fordert nicht Identifizierung, sondern Distanz: Der Leser sieht sich aufgefordert, authentische autobiographische Mitteilungen aus dem Leben des Verfassers der *Hauspostille* entgegenzunehmen. Seine Erwartung wird nun auf Daten und Fakten gerichtet.

Diese Erwartung wird abermals unerfüllt gelassen. Zwar ist in dem Gedicht von der Herkunft die Rede, von der Geburt und vom Wohnort, von der Beschäftigung, vom Tageslauf und von den Zukunftsaussichten, aber die Informationen, die der Leser über diese Lebensbereiche erhält, erweisen sich als biographisch unergiebig, sie verbergen offenbar mehr als sie enthüllen. Sie vermitteln das Bild eines untätigen Städtebewohners, der mit zynischer Gelassenheit (mit »Kälte«) die Leere und Aussichtslosigkeit der Zivilisationswelt beschreibt. Er scheint sich der Asphaltstadt als Heimat und ihren Heilsversprechungen angepaßt zu haben. Doch die Zufriedenheit, die er an den Tag legt, ist nur eine Verhaltensrolle, die er sich verordnet hat. Das zeigt sein Umgang mit den »Leuten«, mit den Frauen und Männern, die er um sich versammelt: Er kleidet sich ihrem Brauch entsprechend, imitiert die übliche unverbindliche Beziehung zu Frauen und die amerikanisierte Lässigkeit im Gespräch und im Verhalten unter Männern, aber er tut das mit einem höheren Bewußtsein, mit der Distanz und dem Vorbehalt des Wissenden. Dieser Vorbehalt entfällt, wenn der Städtebewohner allein ist. Dann, gegen

Morgen, wenn er sich der Attribute der Großstadt entledigt und dem Eindruck der krassen Negativität der städtischen Restnatur ausgesetzt ist, verwandelt sich seine tagsüber zur Schau getragene Zufriedenheit in Beunruhigung. Sie äußert sich konkret in der visionären Prophetie des Untergangs der Städte, dem der dargestellte Städtebewohner Bertolt Brecht nichts anderes entgegenzusetzen weiß als seine Ausgangsposition: die Kälte und die zynische Gelassenheit, mit der er künftigen Erdbeben hofft begegnen zu können. Die Gewißheit, mit der solche Beben und der Untergang der Städte erwartet werden, läßt eine andere Perspektive in die Zukunft nicht zu. Nichts wird in der Zukunft besser werden: »Und nach uns wird kommen: nichts Nennenswertes.«

Es ist begreiflich, daß Brecht in späteren Jahren, als er selbst eine andere Perspektive in die Zukunft entwickelt hatte, die Lust am Untergang, wie er sie an den Gedichten der *Hauspostille* bemerkte, sehr kritisch kommentierte: »der großteil der gedichte handelt von untergang, und die poesie folgt der zugrunde gehenden gesellschaft auf den grund«, schrieb er; und: »hier erreicht die literatur jenen grad der entmenschtheit, den MARX beim proletariat sieht, und zugleich die ausweglosigkeit, die ihm hoffnung einflößt.« Das ist, im Sinne Brechts, ganz dialektisch gedacht: Der »Befund« (die »Ausweglosigkeit«) wird nicht als Endpunkt vergangener Vorgänge verstanden; er ist vielmehr Ausgangspunkt künftiger Entwicklungen. Er erhält seine in die Zukunft weisende geschichtliche Dimension nicht durch Zustimmung und Identifikation, sondern durch Widerspruch und Distanz; nicht durch Hinnahme des Gebotenen, sondern durch seinen Gebrauch. Damit steht auch hinter dieser späteren dialektischen Kritik Brechts an seinen frühen Gedichten immer noch seine Auffassung vom prinzipiell notwendigen Gebrauchscharakter der Lyrik, der die *Hauspostille* im ganzen und die in ihr enthaltenen Gedichte im einzelnen ihre spezifische Form, nämlich die der Parodie, verdanken. Allerdings hat sich der Gebrauchswert, den Brecht der Lyrik nach wie vor zuerkennt, deutlich geändert. Anders gesagt: Immer noch voraussetzend, daß, was für den Gebrauch bestimmt ist, stets mit den Bedürfnissen derer rechnet, die es gebrauchen sollen, geht Brecht in seiner späteren Kritik (aus dem Jahre 1940) von veränderten Bedürfnissen der Lyrik-Benutzer aus; von Bedürfnissen, die – unabhängig davon, ob sie tatsächlich vorhanden sind oder nicht – als wünschenswert vorausgesetzt werden und sich darauf richten, daß die Literatur dem Leser eine Perspektive auf die Möglichkeit einer fortschrittlichen Veränderung der gesellschaftlichen Verhältnisse gibt. Eine solche Perspektive enthält die *Hauspostille* nicht. Sie kann aber, wie Brechts Kritik zeigt, an die Gedichte herangetragen werden, und die literarische Form der Parodie, derer sie sich bedienen, begünstigt das Herantragen alternativer, aus Distanz und Widerspruch sich ergebender Perspektiven. Auch im parodistischen Gedicht *Vom armen B. B.* wird die vorgetragene Lehre von der Aussichtslosigkeit der Welt nicht durch den Lebenslauf des Lehrenden legitimiert (wie in den parodierten Erbauungsschriften); vielmehr wird der Widerspruch gegen diese Lehre provoziert.

Der Widerspruch, den Brecht selbst praktiziert und in den er auch seine Leser einüben möchte, richtet sich im Gedicht *Vom armen B. B.* wie in der ganzen *Hauspostille* gegen die weitere Geltung herkömmlicher Wertordnung. Zu ihrer Destruktion trägt er bei. Er setzt voraus, daß seinen Lesern eine solche Destruktion not tut; er wünscht, im Sinne des Gebrauchswerts seiner Lyrik, daß sie einen Bedarf nach Destruktion haben oder entwickeln, hält sie also für notwendig. Sie bezieht sich, im Gedicht *Vom armen B. B.,* in gleicher Weise auf das Vergangene (die Herkunft, die »Tradition«), auf das Gegenwärtige (die Lebensweise, den »Brauch«) und auf das Künftige (die Hoffnung auf Besserung, das Bleibende). Besonders die Schlußstrophe faßt diese Zeitaspekte noch einmal zusammen und schließt sie zugleich gegen jeden Einbruch von Hoffnung durch den Rückbezug auf die erste Strophe hermetisch ab. Die eigentliche Herausforderung des Lesers findet deshalb statt, bevor das Gedicht so hermetisch schließt, dort nämlich, wo der Bewohner der vergänglichen Städte von sich und von seinesgleichen sagt: »Wir wissen, daß wir Vorläufige sind / Und nach uns wird kommen: nichts Nennenswertes.« Jeder Leser der *Hauspostille* muß sich, da ihm ja die Identifikation mit dem, der so spricht, nicht ermöglicht wird, zu denen zählen, die als Nachkommen nicht nennenswert sind. Wer diese Herausforderung annimmt, muß denen, die sich mit ihrer Lehre vom Untergang als »Vorläufige« verstehen, etwas entgegenzusetzen haben.

Brecht selbst nahm diese Provokation an. Das Schlußgedicht seiner Gedichtsammlung *Svendborger Gedichte* aus dem Jahre 1939 ist *An die Nachgeborenen* gerichtet, die im Schlußgedicht der *Hauspostille* noch unter »nichts Nennenswertes« registriert wurden. Nun, angesichts des großen, aber unerreichten Ziels derer, die in »finsteren Zeiten« »den Boden bereiten wollten für Freundlichkeit«, werden die »Nachgeborenen« wichtig, ja unentbehrlich:

Ihr aber, wenn es soweit sein wird
Daß der Mensch dem Menschen ein Helfer ist
Gedenkt unsrer
Mit Nachsicht.

»Nachsicht« setzt Einsicht voraus. Wo sie fehlt, gibt es für Brecht »keine nachgeborenen / keine nachsicht«, wie Hans Magnus Enzensberger in seinem Folge-Gedicht *weiterung* schreibt, in dem dargestellt wird, wie das Denken an mancherlei vordergründige und scheinbar vordringliche Fortschritte die Einsicht in die Notwendigkeit eines wirklichen Fortschritts verstellt, die es erst rechtfertigen würde, daß wir uns Brechts »Nachgeborene« nennen dürften. Ob Brechts Erben diejenigen sind, über die es im Sinne des Gedichts *Vom armen B. B.* »nichts Nennenswertes« zu sagen gibt, oder diejenigen, auf die er in seinem Gedicht *An die Nachgeborenen* seine Hoffnung setzt – in beiden Fällen ist der Anspruch, der an sie gestellt wird, sehr hoch; gilt es doch, Brechts Diagnose der Aussichtslosigkeit durch Widerspruch und Kritik zu widerlegen und seine Zuversicht auf eine bessere Zukunft durch Einsicht und Nachsicht zu rechtfertigen. Beides ist mit der Lektüre seiner Gedichte nicht getan. Sie erwarten, daß man von ihnen Gebrauch macht.

Des Morgens nüchterner Abschied, eine Frau
Kühl zwischen Tür und Angel, kühl besehn.
Da sah ich: Eine Strähn in ihrem Haar war grau.
Ich konnt mich nicht entschließen mehr zu gehn.

Stumm nahm ich ihre Brust, und als sie fragte,
warum ich Nachtgast nach Verlauf der Nacht
nicht gehen wolle, denn so war's gedacht,
sah ich sie unumwunden an und sagte:

Ist 's nur noch eine Nacht, will ich noch bleiben
Doch nütze deine Zeit: Das ist das Schlimme,
daß du so zwischen Tür und Angel stehst.

Und laß uns die Gespräche rascher treiben,
Denn wir vergaßen ganz, daß du vergehst.
Und es verschlug Begierde mir die Stimme.

Peter Wapnewski

I

Die zwanziger Jahre: Zeugen vielleicht, Erzeuger gewiß ihrer eigenen Legende. Wie aber auch immer Erinnerung und Gedächtnis sie verschleiert haben mögen, verzerrt oder idealisiert, so ist doch gewiß, daß sie ihr Zwischenzeit-Bewußtsein hatten, hinter sich die Nacht und vor sich durchaus nicht den Tag. Eine Epoche oder doch eine Phase, die den Abgang oder doch den Abstieg einer überlieferten Wertewelt weniger beklagte als registrierte; vielmehr lebte sie ihn, und lebte ihn aus. Biographie und Werk Brechts sind Reflex jener Jahre, die eine neue Sachlichkeit in das Verhältnis des Menschen zum Menschen gebracht haben, ein merkantiles Kalkül, das die Attitüde des Zynischen an die Stelle altgewohnter Gefühlsgesten setzte.

So auch und vor allem im Verhältnis des Mannes zur Frau. Zufolge der Art, wie sie mit der Liebe umgehen, kann man Geschichtsepochen charakterisieren.

Brechts Verhältnis zu Frauen ist bekannt, er hat sie benutzt, genutzt, ausgebeutet, sie als Kapital verdinglicht, den Mehrwert gerne eingesteckt. Die frühen Stücke von *Baal* (1918) über die *Trommeln in der Nacht*, über das *Dickicht der Städte* und die *Dreigroschenoper* bis hin zum *Aufstieg und Fall der Stadt Mahagonny* (1928/29) präsentieren den Bereich der Liebe vor allem als den der käuflichen Liebe, sie beziehen ihre Vitalität aus dem Milieu der Zuhälter und Huren, der Gangster und ihrer Bräute, Liebe ist reduziert auf Sexualität, Sexus ist reduziert auf dinglichen Konsum. Was sich da gattet, ist selber nur Gattung, entindividualisiert und nicht mit der Chance begabt, aus dem Kreislauf der bloßen Vernutzung auszubrechen, eine Beziehung der Partnerschaft, ein Ich–Du-Verhältnis herzustellen.

Es sei denn, man mache an dem zum Objekt degradierten Anderen plötzlich eine Entdeckung.

II

Unter den *Gedichten 1913-1926* finden sich auch einige Sonette, von den Redakteuren der Ausgabe auf die Jahre 1925/26 datiert. Brecht und das Sonett, die Vorstellung will sich nicht so leicht reimen, und doch hat er diese strenge altüberlieferte Kunstform, die auch eine Kunstübung ist, über lange Jahre hin immer wieder verwendet, und allermeist ist ihr Thema dem Bereich der Liebe entnommen, oder doch ihrem Umfeld.

Naturgemäß stellt sich da der Verdacht einer parodistischen Nutzung des spröden Verse-Spiels ein, das von Petrarca über Platen bis zu Rilke beharrlich eine Art von Innerlichkeit beschworen hat, die Brecht tief verdächtig war. Indessen ist deutlich, daß von einer durchgehend parodistischen Verwendung des Modells bei Brecht nicht die Rede sein kann. Gewiß nicht in den Versen der *Entdeckung*. Versen von der Vergänglichkeit, die durchaus dialektisch der am festesten gehämmerten Form des Gedichts und seiner Tradition anvertraut sind, eben der des Sonetts. Verse, die höchst nüchtern die denkbar nüchternste Situation festhalten in der lyrischen Gattung der

Feierlichkeit, der ziselierten Verkündigungs-Poesie. Treppenhaus-Verse, die ihre graue Stimmung dem Prunkgewand der Quartette und Terzette und ihren raffinierten Reimwindungen anheimgeben. Ein Augenblick, und in der Tat: ein Augen-Blick, der nach Dauer strebt, der außer sich sein will und sich zwar nicht verewigt, aber doch sich über sich selbst hinaus verlängert und dafür die Hilfe der kunstvollen und künstlichen, durch geschichtliche Dauer legitimierten Sonettform sucht.

III

Ein Tagelied. Trennung im Morgengrauen, so will es nicht nur die Konvention, die Norm, die Institution, die dem Tag das Recht gibt über die Nacht und ihre Heimlichkeit – so will es hier auch der Mann. Sachlicher läßt sich dergleichen nicht schildern, es setzt ein mit Bestimmung der Tageszeit, damit ist auch die Beleuchtung gegeben, das Grau und seine Indifferenz, damit ist die Temperatur gegeben, zweimal »kühl« in einer Zeile, und der Objektcharakter der Frau wird in aller Deutlichkeit hervorgehoben: Er sieht sie nicht an, sie ist »besehn«. Aber dann: sein Blick streift eine Stelle ihres Haares, nun besieht er nicht mehr, er sieht. Die graue Strähne macht, was die Nacht und ihr Bett nicht vermocht haben: sie macht aus dem Gegenüber einen Menschen. Denn es ist das Wesen des Menschen, daß er der Vergänglichkeit ausgesetzt ist, daß er in der Zeit ist. Das graue Haar ist das Signal der Vergänglichkeit. Da aber bleibt, der eben noch gehen wollte.

Sie begreift nicht, sie spielt die Rolle des bloßen Geschäftspartners weiter, die ›männliche‹ Rolle also: ». . . denn so war's gedacht.« Da steigert er das kühle »besehn« über das entdekkende »sah ich« zum »Sah ich sie an«, und zwar dringlich, »unumwunden«. Und redet, vielleicht zum ersten Mal, zu ihr.

Die Zeitbestimmung, kunstvoll unpräzis, will vordergründig eine weitere Nacht verabreden, »nur noch eine«, aber sie assoziiert das Ende aller Nächte, als gäbe es nur noch diese eine überhaupt. Der Vergänglichkeit aber allen Fleisches eingedenk sein heißt, es in aller Bewußtheit erleben wollen; wer indes zwischen Tür und Angel steht, steht – bewußtlos – nirgendwo und nirgendwann. Zeit ist ein Ding, das vergeht, es sei denn, man nütze sie, nütze sie wie? Durch Gespräche, aber es sind hier nicht nur die verbalen Gespräche gemeint, das motorische »treiben« leitet wieder über zu dem sinnlichen Element, das Boden und Halt dieses Paares ist. Gespräch ist jede Form der Kommunikation, auch der Sexus ›spricht‹.

». . . daß du vergehst«: der hier gehen wollte, begreift an einer Impression blitzhaft das Gesetz des Vergehens, begreift an einem Alterszeichen die Jugend dieser Frau und ihr Ende, begreift seine eigene Hinfälligkeit und Flüchtigkeit. Da versucht er, dem Gesetz Vergänglichkeit das Lebensprinzip schlechthin entgegenzusetzen, das der Sinnlichkeit. Versucht, dem unaufhaltsamen Vergehen ein Stück Dauer abzuringen: in der Lust, die tiefe Ewigkeit will. Die Begierde, die ihm die Stimme nimmt, wird das »Gespräch« nicht ersticken, sondern eröffnen. Die Begierde nach dieser jungen Frau ist die Begier, Leben festzuhalten, Zeit anzuhalten.

IV

Ist auch das Sonett, ist die strenge Form als solche ein Versuch, das Prinzip ›Zeit‹ und das Prinzip ›Aufenthalt der Zeit‹ darzustellen, zu verwirklichen?

Man könnte hinweisen auf die kunstvolle Variation in der Reimfolge:

Die erste Strophe weist sogenannten Kreuzreim auf: a-b-a-b-. Das mag man als das beziehungslose Nebeneinander deuten; und dagegen den sogenannten »umarmenden Reim« der zweiten Strophe setzen: a-b-b-a, der mithin in seiner umschlingenden Figur der materielle Ausdruck einer Veränderung der Positionen wäre: Was anfangs nebeneinander stand und zwischen Tür und Angel, das geht aufeinander zu, geht zu auf die Umarmung. Indessen scheint mir, daß solche Interpretation sich selbst übernimmt, hier wird es sich um ein eher unbeabsichtigtes Spiel mit den umschichtbaren kaleidoskopartigen Möglichkeiten der Sonett-Elemente handeln (wie auch in den beiden Terzetten, die untereinander abweichend gebunden sind: a-b-c, dann a-c-b: widerstrebende Zusammengehörigkeit). Das mag müßige Spekulation sein – wohl aber ist denkbar, daß die gemeißelte, strenge und stolze Tektonik dieser traditionsmächtigen Form als Muster dienen soll. Muster, das flüchtige Menschenwesen in Materie umzuschmelzen, die als Form beständig wirkt und Bestand verheißt. Keine Ewigkeit im Strom des Vergehens, aber doch Dauer im Strom des Wechsels. Anspruch der Kunst gegenüber dem Amorphen. Wer Kunst macht, versucht sich im Festhalten des Augenblicks, versucht, Zeit zu verwandeln in Materie. Die Entdeckung an einer jungen Frau ist die Entdeckung einer jungen Frau; ist damit die Entdeckung eines Menschen, einer Individualität; und damit die Entdeckung der Chance, eine Beziehung vom Ich zum Du herzustellen. In der letzten Strophe findet sich dann in der Tat das Gemeinsamkeit ausdrückende Pronomen: »laß *uns*«, und: »*wir* vergaßen«. Dies alles entsteht aus der blitzhaften Erkenntnis heraus, daß alles Fleisch wie Gras ist, »daß du vergehst«. »Du« aber heißt nunmehr auch »ich«, und das meint, daß hier zwei Menschen, zumindest für einen Augenblick, Zeit anzuhalten suchen durch die Vergewisserung ihrer selbst. In Liebe? In einer Ahnung von Liebe doch wohl.

Ach, es kommt ja der Krug mit der schäumenden Milch
auch
Noch zu des Alten zahnlos geiferndem Mund.
Ach, es reibt sich dem flüchtenden Schlächter
Noch am Bein der Liebe heischende Hund.

Ach, dem Mann, der das Kind mißbraucht hinterm Dorfe
Neigen sich Ulmen noch mit schönem und schattigem Laub.
Und es empfiehlt eure blutigen Spuren, ihr Mörder
Unserm Vergessen der blinde, freundliche Staub.

So auch vermischt der Wind die Schreie von sinkenden
Booten
Vorbedacht mit dem Säuseln des Blattwerks im Innern
des Lands
Und er hebt höflich der Magd vor dem syphilitischen
Fremden
Daß er die lustigen Beine sähe, den Zipfel des armen
Gewands.

Und es deckt das tiefe, wollüstige Du eines Weibes
Nachts das Geflenn des erschreckten Vierjährigen zu in
der Ecke des Raums.
Und in die Hand, die das Kind schlug, drängt sich der Apfel
Schmeichlerisch aus der Ernte des jährlich üppiger
wachsenden Baums.

Ach, wie glänzt das klare Auge des Kindes
Wenn der Vater den Kopf des Ochsen zu Boden zwingt
und das Messer aufschnellt!
Und wie wogen die Busen der Weiber, an denen einst
Kinder gehangen
Wenn durchs Dorf der kriegrische Marsch der
Manöverkapelle gellt.

Ach, unsre Mütter sind käuflich, es werfen sich weg
unsre Söhne

Denn nach jedwedigem Eiland späht die Mannschaft des
  brüchigen Kahns!
Und ihm ist genug auf der Welt, daß der Sterbende
  kämpft, doch die Frühe
Noch zu erleben und noch das dritte Krähen des Hahns.

Norbert Mecklenburg

»Ich, der ich nichts mehr liebe
Als die Unzufriedenheit mit dem Änderbaren
Hasse auch nichts mehr als
Die tiefe Unzufriedenheit mit dem Unveränderlichen.«

Das Gedicht langsam und wiederholt lesen. Es ist eine nicht ganz leichte Lektion. Dabei scheint es einfach aufgebaut. Die Überschrift eine These: Die Natur ist willfährig – der Text eine Reihe von Beispielen dafür. Aber passen sie denn in gleicher Weise zu der These? Und was soll diese selbst besagen? Wem gegenüber ist die Natur willfährig, warum wird das beklagt, und was heißt hier überhaupt Natur?

Die Beispiele für die Willfährigkeit der Natur werden als Bilder aneinandergereiht. Ein Beispiel, ein Satz, ein Verspaar – zwei Verspaare, ein Reim, eine Strophe. Die letzte Strophe faßt zusammen und erklärt – doch wiederum in Bildern. So durchsichtig alles angeordnet scheint, irgendwie reiben sich die Teile aneinander. Wie hängen die Schlußbilder mit den vorausgehenden zusammen? Was ist an den Beispielen überhaupt vergleichbar? Und was haben die Elemente, aus denen das einzelne Beispiel in böser Montage zusammengefügt ist, miteinander zu schaffen?

Der Naturbegriff ist ein sehr abstrakter gemeinsamer Nenner. Äußere Natur und die ›Naturseite‹ der Menschen, das Unvernünftige, Triebbestimmte, sind auf die gleiche Ebene gerückt. Der äußeren Natur gelten mehr Beispiele, aber im Verlauf des Textes wird das Gewicht immer mehr auf die menschliche ›Natur‹ verlagert.

Das Grundprinzip ist zehnmal dasselbe. Jedesmal wird et-

Wenn die Unterdrückung zunimmt
Werden viele entmutigt
Aber sein Mut wächst.

Er organisiert seinen Kampf
Um den Lohngroschen, um das Teewasser
Und um die Macht im Staat.
Er fragt das Eigentum:
Woher kommst du?
Er fragt die Ansichten:
Wem nützt ihr?

Wo immer geschwiegen wird
Dort wird er sprechen
Und wo Unterdrückung herrscht und von
  Schicksal die Rede ist
Wird er die Namen nennen.

Wo er sich zu Tisch setzt
Setzt sich die Unzufriedenheit zu Tisch
Das Essen wird schlecht
Und als eng wird erkannt die Kammer.

Wohin sie ihn jagen, dorthin
Geht der Aufruhr, und wo er verjagt ist
Bleibt die Unruhe doch.

Silvia Volckmann

1.

Was sind das für Zeiten, denke ich, wo mir die Interpretation eines Brecht-Gedichts so viel Unbehagen bereitet, weil – so ein Kommentar der *F.A.Z.* nach der Ermordung des Bankiers

Jürgen Ponto – bereits »das Denken eine bestimmte Richtung begünstigt«! Schon beginne ich mich ernsthaft zu fragen, ob ich zu den in jenem Artikel angegriffenen »wirklich gefährlichen« »Sympathisanten« gehöre, wenn ich schreibe, daß die Verhältnisse, gegen die Brecht seinen Bleistift gespitzt hat, mehr den heutigen gleichen, als mir lieb ist. Da mag es gelegen kommen, daß das *Lob des Revolutionärs* tief historisch ist; denn während die Arbeitslosigkeit auch unter Akademikern zunimmt, Berufsverbote gegen Kommunisten und Sozialisten sich mehren und mit dem Gewaltparagraphen 88a die Möglichkeit politischer Zensur geschaffen ist, wird man vorsichtig in der Wahl seiner Worte. So ertappe ich mich bei Überlegungen, die den Text in immer fernere Vergangenheit rücken, mit wissenschaftlicher Akribie alles übertünchen wollen, was ihn heute noch brisant macht, und Brecht einmal mehr die ›Wirkungslosigkeit des Klassikers‹ bescheinigen. Furcht also vor einem unmittelbaren Zugang zum Gedicht? Manchem wird das übertrieben vorkommen. Aber selbst *wenn* meine Bedenken irrational sind, so sind sie doch Ausdruck des gegenwärtigen geistigen Klimas in der Bundesrepublik und erfüllen ihren politischen Zweck: »Wenn die Unterdrückung zunimmt / Werden viele entmutigt«, fürchten politische Repressalien und üben prophylaktisch Selbstzensur.

2.

Das *Lob des Revolutionärs* entstammt dem Stück *Die Mutter*, das 1932 uraufgeführt wurde. Seit einigen Jahren hatte Brecht begonnen, die Klassiker des Marxismus zu studieren. Bei der Bearbeitung von Gorkis Roman stützt er sich vornehmlich auf Lenins Analyse der russischen Verhältnisse. Das Gedicht, sowohl Kommentar zu den Vorgängen auf der Bühne als auch in diese integriert (es umreißt die Aufgaben der Pelagea Wlassowa nach ihrer Aufnahme in die Partei der Bolschewiki), muß die Spannung zweier historischer Bezugspunkte aushalten: den des russischen Revolutionsgeschehens um 1905 und den seiner Entstehungszeit. Diese Spannung prägt Brechts Bild des Revolutionärs. Einerseits entspricht er vollständig den Vorstellungen, die Lenin in *Was tun?* formuliert hat: Da die Arbeiter Lenin zufolge von sich aus nur ein ›trade-unionistisches‹ Bewußtsein entwickeln können, übernimmt es der Revolutionär, die ›sozialdemokratischen‹ (d. h. heute: kommunistischen) Ideen »von außen« ins Proletariat »hineinzutragen«. Für Brecht, der sich selbst als Lehrer seines Publikums verstanden hat, ist der Revolutionär vor allem Lehrender – in diesem Sinne wäre Brecht dann auch ein revolutionärer Schriftsteller. Freilich sieht Lenin das Verhältnis von Lehren und Lernen noch recht einseitig, was ihm die Kritik von Rosa Luxemburg eingebracht hat. Brecht, der im *Lob des Revolutionärs* weitgehend der leninistischen Position zuneigt, hat diese später differenziert: »Wollet hören beim Reden« empfiehlt er 1953 den ›Lehrern‹ der Arbeiter und verweist sie auf die »Weisheit der Massen«.

Andererseits war Brecht jedoch bereits 1932 kein Dogmatiker. Er war sich der Historizität des russischen Revolutions- und Organisationsmodells bewußt. Daher hebt er in seinem Gedicht besonders die *Haltung* des Revolutionärs hervor, seine dialektische Methode, die ihre Gültigkeit auch unter veränderten historischen Umständen bewahrt; denn unbedingte Solidarität mit den Unterdrückten bleibt ebenso unerläßlich für revolutionäre Tätigkeit wie die Einsicht, daß die Menschen die gesellschaftlichen Verhältnisse ändern können. Heißt das, so höre ich schon fragen, daß auch heute noch solche Revolutionäre gebraucht werden, wenn sich etwas verändern soll? Hat Brecht da nicht die Rolle des Einzelnen gewaltig überschätzt? Liegt hier nicht ein Revolutionsbegriff vor, den die geschichtliche Entwicklung längst überholt hat? Sicherlich, das russische Beispiel ist nicht übertragbar auf unsere Gegenwart: Die Klassenstruktur des kapitalistischen Systems hat sich differenziert, der Gegensatz zwischen den Industrienationen und der Dritten Welt spitzt sich immer mehr zu – die Interessen der »Proletarier aller Länder« sind also nicht von vornherein identisch –, und die Machtergreifung einer revolutionären Minderheit ist in einer technologisch fast perfekt durchorganisierten Gesellschaft weder möglich noch wünschenswert. Zwar hat das Scheitern der außerparlamentarischen Opposition in der Bundesrepublik eine Reihe »marxistisch-leninistischer« Kleinstparteien hervorgebracht, deren Mitglieder sich allesamt für Brechtsche Revolutionäre halten. Aber den ökonomischen Kampf »um den

Lohngroschen, um das Teewasser« organisieren die Gewerkschaften, und den politischen Kampf »um die Macht im Staat« machen die Parteien des Parlaments unter sich aus. Währenddessen streiten sich die selbsternannten »Revolutionäre« um die wahre Theorie und Praxis – Welten entfernt von denen, die sie ansprechen wollen. Von Brecht haben sie jedenfalls nichts gelernt. Schwierig, den Revolutionär heute zu lokalisieren: Ist er Parlamentarier oder Guerillakämpfer, Mitglied einer Bürgerinitiative oder einer bestimmten Partei?

3.

Der Revolutionär, den Brecht preist, hat keine Patentrezepte anzubieten. Sein Ziel ist es, sich selbst überflüssig zu machen. Er bewegt sich »wie ein Fisch im Wasser« an den Fronten der Klassenauseinandersetzungen. Er liefert Anstöße, stellt Fragen und lehrt das Volk, die Antworten selbst zu finden. Haben die vielen seine Methode begriffen, seine Haltungen zu ihren gemacht, wächst die Aussicht auf den Sieg. Aus Unzufriedenheit wird Kampfbereitschaft, wenn hinter der Übermacht scheinbar von Gott gegebener Verhältnisse das Wirken von Menschen sichtbar wird. Diese können besiegt werden, und »wer seine Lage erkannt hat, wie soll der aufzuhalten sein«? So Brechts Utopie des »Kommunismus als einer Bewegung« (Marx).

Nicht als Einzelner ist der Revolutionär den Herrschenden ein Pfahl im Fleische. Nur dann wird er ihnen gefährlich, wenn er systematisiert und konzentriert ausspricht, was vereinzelt, zersplittert und noch unfertig im Volk gedacht wird, und wenn er die reale Basis geheimer Hoffnungen aufzuzeigen vermag. Dann nämlich geht der Aufruhr dorthin, wohin sie ihn jagen, und wo er verjagt ist, wird er schon nicht mehr gebraucht. Was also aussieht wie das Lobgedicht auf ein Individuum – Reminiszenz an das traditionelle Lobgedicht, das Herrscherlob –, ist in Wirklichkeit ein Lob des Volkes, dessen (potentielle) Kraft Brecht im ›Revolutionär‹ (und wohl auch in der Partei) antizipiert sieht.

4.

Als jemand, der lehren will, spricht Brecht eine unmittelbar verständliche Sprache. Fast beispielhaft demonstriert er sein ›gestisches‹ Prinzip: Die Bildsprache vereinfacht komplexe gesellschaftliche Strukturen; aber wenn man sie analysiert, stellt man eine hochgradige Konzentration marxistischer Gedanken fest. Nur ein Beispiel: Die Personifikation von »Eigentum« und »Ansichten« zerstört deren dinglichen Charakter und führt ihn auf lebendige Arbeit bzw. konkrete Klasseninteressen zurück. Die syntaktische Verschmelzung des Konkretums »Revolutionär« mit dem Abstraktum »Unzufriedenheit« deutet die Einheit von Person und sozialer Funktion an. Betrachtet bürgerliche *Ideologie* die Persönlichkeit unabhängig von ihren sozialen Beziehungen, so ist sie in der kapitalistischen *Wirklichkeit* ausgelöscht und auf gesellschaftliche Arbeitskraft reduziert. Für Brecht dagegen realisiert sich im Idealbild des Revolutionärs die Aufhebung dieser Spaltung. Ein neuer Begriff von Individualität, einer nichtentfremdeten, scheint damit auf.

5.

Auf der ersten Pressekonferenz nach seiner Ausbürgerung im November 1976 hat Wolf Biermann das *Lob des Revolutionärs* als Appell an die Adresse der DDR gerichtet. Er mochte nicht glauben, daß auch ein sozialistischer Staat diejenigen verjagt, die sprechen, wo geschwiegen wird, und Namen nennen, wo Unterdrückung herrscht und von »Sozialismus« die Rede ist. Ist es nicht illusionär, von Revolutionen die Aufhebung der Unterdrückung zu erhoffen, wenn die Herrschaft von Menschen über Menschen nicht mehr nur im Namen der Freiheit, sondern, was schlimmer, im Namen des Sozialismus ausgeübt wird?

Kaum noch können die UdSSR oder China einen Orientierungspunkt für hiesige Kommunisten bieten. Brecht mochte noch Optimist sein: 1932 waren die Hoffnungen, die sich an den Sieg der Oktoberrevolution knüpften, stärker als vereinzelte Zweifel; erst nach und nach wurden sie durch die Übermacht des stalinistischen Terrors zerstört; die internationale Verflechtung des Kapitals hatte noch nicht heutige Ausmaße erreicht; man kannte noch nicht das ungeheure Vernichtungspotential atomarer, biologischer und chemischer Waffen; und auch die Zerstörung der natürlichen Lebensgrundlagen im Interesse immer größerer Profitmaximierung war noch nicht so fortgeschritten.

Sicher – das »Reich der Freiheit« ist in weitere Ferne gerückt. Aber gibt nicht trotz schwärzester Zukunftsaussichten Brechts *Lob des Revolutionärs* Antwort auf solche Bedenken? Ist etwa nicht mehr das Schicksal des Menschen der Mensch? Heißt es nicht wie vor 100 Jahren: »Ihr da oben, wir da unten?« Noch immer gilt für die Herrschenden das als Wahrheit, was ihnen nützt. Den Beherrschten aber nützt nur die rücksichtslose Wahrheit. Eine Wahrheit ist aber, daß, wie Brecht sagt, das Morgenrot einer neuen Zeit nicht kommt wie das Morgenrot: nach durchschlafener Nacht.

Brecht konnte mit seinem Gedicht zwar nicht die Welt verändern; aber es kann uns in Erinnerung rufen, daß wir sie nicht hinnehmen sollten, wie sie ist.

DEUTSCHLAND

Mögen andere von ihrer Schande sprechen,
ich spreche von der meinen.

O Deutschland, bleiche Mutter!
Wie sitzest du besudelt
Unter den Völkern.
Unter den Befleckten
Fällst du auf.

Von deinen Söhnen der ärmste
Liegt erschlagen.
Als sein Hunger groß war
Haben deine anderen Söhne
Die Hand gegen ihn erhoben.
Das ist ruchbar geworden.

Mit ihren so erhobenen Händen
Erhoben gegen ihren Bruder
Gehen sie jetzt frech vor dir herum
Und lachen in dein Gesicht.
Das weiß man.

In deinem Hause
Wird laut gebrüllt, was Lüge ist
Aber die Wahrheit
Muß schweigen.
Ist es so?

Warum preisen dich ringsum die Unterdrücker, aber
Die Unterdrückten beschuldigen dich?
Die Ausgebeuteten
Zeigen mit Fingern auf dich, aber
Die Ausbeuter loben das System
Das in deinem Hause ersonnen wurde!

Und dabei sehen dich alle
Den Zipfel deines Rockes verbergen, der blutig ist
Vom Blut deines
Besten Sohnes.

Hörend die Reden, die aus deinem Hause dringen, lacht
man.
Aber wer dich sieht, der greift nach dem Messer
Wie beim Anblick einer Räuberin.

O Deutschland, bleiche Mutter!
Wie haben deine Söhne dich zugerichtet
Daß du unter den Völkern sitzest
Ein Gespött oder eine Furcht!

Hans Bender
Ein Gedicht, ein Denkmal

Unter den Gedichten Brechts zähle ich sechs, die im Titel »Deutschland« sagen. Schon die Anzahl weist darauf hin: für ihn war »Deutschland« ein wichtiges Thema.

Deutschland, du Blondes, Bleiches, 1920 geschrieben, verlästert Deutschland als das »Nimmerleinsland«, das »Kümmernisloch«, das »Aasloch Europas«. Anarchie und Elend des Nachkriegs und die dafür Verantwortlichen wurden attakkiert. Man erfährt, wem der junge Brecht, noch ganz im Daseinsgefühl des *Baal* verfangen, seine Liebe und seinen Haß zuwendete:

»Wie sanft deine Flüsse einst!
Jetzt vergiftet vom lila Anilin!«

Die nächsten vier Deutschland-Gedichte entstanden im Exil, zwischen 1933 und 1945. Den drei liedhaft, lässig gereimten Strophen, die beginnen »In Sturmesnacht, in dunkler Nacht«, stehen die achtzehn elegischen Zeilen des Gedichts *Über Deutschland* entgegen. Mit geradezu schmeichelnder Stimme spricht der Verfasser hintereinander deutsche Landschaften und Städte an:

»Ihr freundlichen bayrischen Wälder, ihr Mainstädte
Fichtenbestandene Rhön, du, schattiger Schwarzwald.«

Das Gedicht beschwört, was »bleiben« kann und soll:

»Himmel und Erde und Wind und das von den Menschen
Geschaffene
Kann bleiben –.«

Das siebenzeilige Gedicht *Deutschland 1945* – ein kurz angebundenes frozzelndes Gedicht, das »Mutter / Futter« reimt – endet mit der ernsten Frage des Verfassers, dem Unrecht geschehen ist und der sich immer noch wie ein Ausgestoßener fühlt:

»Was tuest du mir an?«

Deutschland 1952 gehört schon zu den in der DDR entstandenen epigrammatischen Gedichten. Es spricht vom zerrissenen Deutschland und schließt mit einem Wunsch, der jedoch so gleichgültig hingesprochen wird, als gäbe es sowieso keine Hoffnung, er könne sich eines Tages erfüllen:

»Tät'st du dir selbst vertrauen
Wär alles Kinderspiel.«

Das 1933 entstandene und 1934 veröffentlichte Gedicht *Deutschland* (in: *Lieder, Gedichte, Chöre,* Editions du Carrefour, Paris) ist das an Wörtern und Strophen aufwendigste der »Deutschland«-Gedichte Brechts. Von den Interpreten ist es bisher kaum beachtet worden. Es blieb auch unerwähnt, als Brecht später, 1944, die »Gedichte im Exil« sammeln wollte und einige Auskünfte gab, welche der vielen Gedichte er auswählen sollte, welche nicht (*Arbeitsjournal,* Seite 714/15).

Erst 1951 erschien *Deutschland (1933)* wieder in der von Wieland Herzfelde in Zusammenarbeit mit Brecht besorgten Auswahl der *Hundert Gedichte.* Die Hinzunahme von sechs Satzzeichen (ein Punkt, fünf Kommata) weist auf eine kurze Überprüfung hin; doch läßt sich nicht ausmachen, ob sie von Herzfelde oder Brecht selber stammt. Peter Suhrkamp nahm das *Deutschland*-Gedicht 1956 in seine Auswahl *Gedichte und Lieder* auf. Auch Siegfried Unseld nahm es auf in die Sammlung *Ausgewählte Gedichte.*

Die Fakten, die dem Gedicht zugrunde liegen, verdienen erinnert zu werden. Am 28. Februar 1933, einen Tag nach dem Reichstagsbrand, hatte Brecht Berlin verlassen. Prag, Wien, Zürich, Carona, Paris, Kopenhagen waren die ersten Stationen. Schließlich erwarb er ein Haus in Dänemark, in Skovbostrand, mit dem er auch deshalb sich abfand, weil es nicht weit von der Grenze lag. Er konnte sich dem, was seit der »Machtergreifung« in Deutschland geschah, nahe fühlen. Besucher und Berichter konnten vorbeikommen. Er hörte Radio und las Zeitungen und Illustrierte aus Deutschland.

Alle diese Fakten lassen sich dem Gedicht *Deutschland* unterlegen. Sie werden jedoch weniger transparent als in anderen Gedichten, die zur gleichen Zeit entstanden. Es ist gar nicht die Absicht des Verfassers, sie deutlich zu machen. Nicht von »Hitler« oder vom »Anstreicher« ist die Rede, nicht von »Nazis« oder von »SA-Banditen«, sondern von »Unterdrückern und Ausbeutern« und vom »System«. Deutschland ist das »Haus«, in dem laut gebrüllt wird, »was Lüge ist«. Ein »Haus«, in dem die »Söhne« sich gegeneinander erhoben haben. Eine eher vage, allgemeine Situation ist beschworen. Vorgänge, Gestalten, Gesten werden evoziert, als handle es sich nicht um ein tatsächliches Geschehen, sondern um eines, das auf einer Bühne spielt, wobei die Personen, aber auch die Motive, halb im Dunkeln bleiben. Nur dem werden die Vorgänge ganz verständlich, der sie aus eigener Erfahrung kennt oder sie hinterher nachliest im Geschichtsbuch oder in den Biografien Brechts.

Weckt die zweite Strophe Reminiszenzen an die Weltwirtschaftskrise, an die Arbeitslosigkeit, an Kämpfe zwischen den Klassen und Parteien von 1933? Wahrscheinlich. Sicher scheint zu sein: Nicht der Verfasser des Gedichts ist von den »Söhnen der Ärmste«, sondern ein Arbeiter ist gemeint. Ein bestimmter, einzelner Arbeiter; vielleicht aber auch einer, der alle anderen Arbeiter, die zu Opfern der braunen Barbarei geworden sind, vertritt. Die zweite und die dritte Strophe handeln von den Konzentrationslagern, in denen die Arbeiter niedergeknüppelt und umgebracht werden. Von »guten« und »bösen« Söhnen ist die Rede, vom »Bruder«, der sich gegen den Bruder erhoben hat.

In zwei anderen Gedichten Brechts aus dem Exil – *Ein Bericht* und *An die Kämpfer in den Konzentrationslagern* – ist von den gleichen Vorgängen und von den gleichen »Brüdern« die Rede. So konkret jedoch, daß die verständlicheren Gedichte das weniger verständliche Gedicht *Deutschland* erklären helfen können. Beide Gedichte sprechen über »Gefängnisse« und »Konzentrationslager«; sie sprechen von »Stockschlägen« und »Mißhandlungen«. Sie sprechen von »Genossen« und sprechen von »Verschwundenen« und »Weiterkämpfenden«. Beide Gedichte handeln vom offenen oder versteckten Kampf der kommunistisch gesinnten Arbeiterschaft, in die Brecht damals Erwartungen setzte, die von der Realität jedoch nicht erfüllt wurden. Die vierte, fünfte, sechste und siebte Strophe evozieren allgemeinere Vorgänge im Hitler-Deutschland von 1933 und wie sie von draußen gehört und gesehen wurden. Die »Unterdrücker« und die »Ausbeuter« sind aufgerufen. Die Reden Hitlers und die Reden anderer dringen durchs Radio über die Grenzen in andere Länder:

»Hörend die Reden, die aus deinem Hause dringen, lacht man.
Aber wer dich sieht, der greift nach dem Messer
Wie beim Anblick einer Räuberin.«

Die bildliche Umsetzung Deutschlands in ein »Haus«, aber auch in eine »Mutter« und in dieser letzten Zeile der Strophe in eine »Räuberin« bereiten auch deshalb Schwierigkeiten des Verständnisses, weil die Perspektive zwischen drinnen und draußen wechselt. Hannah Arendt zitiert diese drei Zeilen und nimmt sie als Beispiel »für diese gleichsam in Kurzschlüssen sich bewegende Denkweise und die ihr eigene Hintergründigkeit« (Hannah Arendt, *Walter Benjamin, Bertolt Brecht. Zwei Essays,* München 1971).

Brecht selber, der Verfasser im Exil, wird sichtbar, wenn er Deutschland von draußen als »Mutter« und mit »du« anspricht. Wenn das Gedicht zur höchsten Tonlage klettert:

»O Deutschland, bleiche Mutter!«

Ein Ausruf, der die erste und die letzte Strophe refrainhaft eröffnet und dann in Zeilen übergeht, in denen Klage und Anklage zusammentreffen:

»Wie haben deine Söhne dich zugerichtet
Daß du unter den Völkern sitzest
Ein Gespött oder eine Furcht!«

Ein Vorgang aus der Bibel – aus dem 1. Buch Moses – wird als metaphernhafter Vorgang für das Gedicht und seinen Inhalt ausgeliehen: der Mord, den die Söhne Jakobs an Joseph, ihrem jüngsten und begabtesten Bruder, zu begehen versuchen und wobei der blutige Rock als Erkennungszeichen eine Rolle spielt. Brecht hat aber auch seine Phrasierung der Bibel entliehen: richtiger aus der Prediger- und Gebetssprache der Kirche, mit ihren schwerlastigen Wörtern wie »Wahrheit«, »Lüge«, »preisen«, »loben«, »beschuldigen«, »verbergen«, »befleckt« und »ruchbar«. Die Sprache des Gedichts gewinnt durch diese Wörter an Farbe und Körnigkeit; in Verbindung mit dem Duktus des freien, gestisch rhythmisierten Verses jedoch verstärken sie das Pathos, wie es bei Brecht in dieser Seriosität sonst selten ist. Das *Deutschland*-Gedicht ist zur Hymne geraten. Zu einer unverfremdeten, nicht-pervertierten Hymne.

Auf den schon erwähnten Seiten des *Arbeitsjournal* (714/15), die von der Zusammenstellung der *Gedichte im Exil* handeln, gibt Brecht zusätzliche Auskünfte, wie er selber im Rückblick seine zwischen 1933 und 1945 entstandenen Gedichte wertet. Er will das Gedicht *Die Landschaften des Exils* – und das gilt sicher auch für einige andere Gedichte – weglassen, weil es »schon zu reich ist«. Die Begründung dafür steht im vorangegangenen Satz: »beim schreiben (und korrigieren) widerstrebt mir jedes ungewöhnliche wort.« Diejenigen Gedichte ziehe er vor, bekennt er im gleichen Zusammenhang, die »in einer art ›basic german‹ geschrieben« seien.

Kaum ein anderes Gedicht Brechts ist davon weiter entfernt als das Gedicht *Deutschland.* Es ist, trotz seines Themas und der Anti-Haltung, die ihm zugrunde liegt, ein typisches »Vaterlandsgedicht«. Die vielen anderen Deutschland-Gedichte der deutschen Literatur – von Walther von der Vogelweide bis herauf zu Heine, Herwegh, Freiligrath, bis zu Gerhart Hauptmann und Rudolf Alexander Schröder – klingen darin nach; sogar Karl Brögers, des Arbeiterdichters, ehrlich gemeintes *Bekenntnis* aus dem Ersten Weltkrieg, mit den eindringlichen Schlußzeilen: »Daß dein ärmster Sohn auch dein getreuester war./ Denk es, o Deutschland!« Am nachhaltigsten Hölderlins *Gesang des Deutschen;* und nicht nur wegen der Anrufung »der Mutter Erde«. Ein »Vaterlandsgedicht« auch deshalb, weil es angefüllt ist mit Gefühlen, die den Verstand, auch den Kunstverstand, überschwemmt haben. Der Auftrag, den Brecht sich selber gegeben hat, hat die Phrasierung und den Stil bestimmt. So ähnlich waren auch Phrasierung und Stil der »Vaterlands«-Gedichte aus dem entgegengesetzten ideologischen Lager. So äußert sich Lyrik, die etwas besingen und es zugleich propagieren will.

Deutschland ist aus allen diesen Gründen ein Anthologie-Gedicht, ein antifaschistisches Feierstunden-Gedicht, gefahrlos zitierbar in Ost und West. Mich erinnert es an ein Denkmal aus Stein oder Bronze. Der Bildhauer hat die Symbole, die ihm der Auftraggeber vorgeschrieben hat, in Gestalten personifiziert. Rund um den Sockel: kämpfende und sterbende Helden in großer Pose. Auf dem Sockel: Deutschland als trauernde »Mutter«-Figur.

Ausschließlich wegen der zunehmenden Unordnung
In unseren Städten des Klassenkampfs
Haben etliche von uns in diesen Jahren beschlossen
Nicht mehr zu reden von Hafenstädten, Schnee auf den
 Dächern, Frauen
Geruch reifer Äpfel im Keller, Empfindungen des Fleisches
All dem, was den Menschen rund macht und menschlich
Sondern zu reden nur mehr von der Unordnung
Also einseitig zu werden, dürr, verstrickt in die Geschäfte
Der Politik und das trockene »unwürdige« Vokabular
Der dialektischen Ökonomie
Damit nicht dieses furchtbare gedrängte Zusammensein
Von Schneefällen (sie sind nicht nur kalt, wir wissen's)
Ausbeutung, verlocktem Fleisch und Klassenjustiz eine
 Billigung
So vielseitiger Welt in uns erzeuge, Lust an
Den Widersprüchen solch blutigen Lebens
Ihr versteht.

Reinhold Grimm
Geständnisse eines Dichters

O nein, Bertolt Brecht will sie nicht abschaffen. Er will sie nicht zurücknehmen, all solchen Geständnissen zum Trotz. Sie soll sein. *Die Kunst soll sein.* Nie, selbst nicht in diesen Zeilen, die so sehr nach Abschied und endgültiger Absage klingen, hat Brecht die Kunst verworfen. Sie soll sein: auch wenn sie uns ein Verbrechen, ein Frevel, eine schreiende Ungerechtigkeit und Unmöglichkeit dünkt, weil immer noch der Mensch dem Menschen ein Wolf ist; weil überall Menschen von Menschen, Klassen von Klassen, ganze Völkerschaften und Kontinente wie ehedem geknechtet, ausgesaugt und zu Tode geschunden werden; weil heute mehr denn je eine entmenschte Menschheit, Opfer und Henker zugleich, in ihrer blutigen Jauche zu ersticken droht. Die Kunst, trotz allem, soll sein. Sogar die ›reine‹ Kunst, wie uns gerade der politische Dichter Brecht vertraut hat, mitten in unseren finsteren Zeiten.

Gerade er nämlich, der sein Werk ohne Abstrich als Kampf für die Befreiung der Ausgebeuteten und Unterdrückten, der Entrechteten und Entwürdigten, Erniedrigten und Beleidigten verstand, zeugte auch für die Kunst, selbst für die ›reine‹. Gerade Brecht, der sich so völlig in den Dienst der Vermenschlichung der Menschheit, der Bewohnbarmachung des Planeten gestellt hatte, wollte, daß Kunst sei. Noch indem er sie verleugnete, erklärte er sich für sie. Er, der hier »ausschließlich wegen der zunehmenden Unordnung« – welch maßlose Mäßigung – jeglichem Kunstgenuß ein für allemal abzuschwören scheint, tut dies ja mit den Mitteln der Kunst, als Dichter, in Vers und vollendeter, meisterhaft gehandhabter Sprache; ja, mehr noch: der uns solches beteuert, der die Kunst »nur mehr« als Waffe gebrauchen will, hat sich ausdrücklich und unzweideutig (und zudem ungefähr um dieselbe Zeit) zum Kunstgenuß bekannt! In Brechts aus dem Nachlaß veröffentlichter Schrift *Me-ti*, seiner auch *Buch der Wendungen* genannten Sammlung dialektisch-didaktischer Prosa im Stil der alten Chinesen, befindet sich ein Text, der beinahe noch leiser und verhaltener wirkt als jene sechzehn Verszeilen, der aber darum kaum minder unerhört ist. Denn dieses kleine Stück Prosa – Gleichnis oder aphoristische Parabel, indes voller Wirklichkeitsgehalt – trägt den Titel *Über reine Kunst*.

Doch hören wir Brechts Bekenntnis. Hören wir, was Me-ti, der politische Philosoph, von Kin-jeh, dem politischen Dichter, zu berichten weiß:

»Me-ti sagte: Neulich fragte mich der Dichter Kin-jeh, ob er in diesen Zeitläuften Gedichte über Naturstimmungen schreiben dürfe. Ich antwortete ihm: Ja. Als ich ihn wieder traf, fragte ich ihn, ob er Gedichte über Naturstimmungen geschrieben habe. Er antwortete: Nein. Warum, fragte ich. Er sagte: Ich stellte mir die Aufgabe, das Geräusch fallender Regentropfen zu einem genußvollen Erlebnis des Lesers zu machen. Darüber nachdenkend und hie und da eine Zeile skizzierend, erkannte ich es als nötig, dieses Geräusch fallender Regentropfen für alle Menschen, also auch für solche Menschen zu einem genußvollen Erlebnis zu machen, die kein Obdach besitzen und denen die Tropfen zwischen Kragen und Hals fallen, während sie zu schlafen versuchen. Vor dieser Aufgabe schreckte ich zurück.

Die Kunst rechnet nicht nur mit dem heutigen Tag, sagte ich versucherisch. Da es immer solche Regentropfen geben wird, könnte ein Gedicht dieser Art lange dauern. Ja, sagte er traurig, wenn es keine solche Menschen mehr geben wird, denen sie zwischen Kragen und Hals fallen, kann es geschrieben werden.«

Nicht bloß eine utopische und fiktionale, auch eine historische Dimension zeichnen dieses Prosastück aus. Denn Kin-jeh ist zwar eine erfundene Gestalt, Me-ti hingegen eine der Geschichte. Er lebte, ein Dialektiker und ›Sozialethiker‹ laut Auskunft der Quellen, vor über zweieinhalb Jahrtausenden als Zeitgenosse und weltanschaulicher Mitbewerber des Konfuzius. Brecht ist wieder einmal, wie so oft, in eine Vielzahl von poetischen Gewändern geschlüpft, um gleichwohl, ja ebendadurch ›bei wirklichen Ärmeln herauszukommen‹. Sowenig wie seine Wahl zweier Figuren kann uns deren chinesische Verkleidung, ohnehin durchsichtig genug, über das Bekenntnishafte seines Textes täuschen. Und sie soll es auch nicht. Der philosophische Dialektiker Me-ti ist genauso ein *alter ego* Brechts wie der dialektische Lyriker Kin-jeh. Ununterscheidbar, in beredtem Schweigen, gehen beide an jener ›Wendung‹ ihres Gesprächs (»schreckte ich zurück« / »sagte ich versucherisch«) ineinander über und in ihrem Dichter auf. Was *Über reine Kunst* erfüllt, ist dieselbe brennende Aktualität, die uns aus Brechts Versen entgegenschlägt. Weder das Licht einer fernen Zukunft noch die Schatten der Vergangenheit vermögen diese Gegenwart zu überdecken.

Freilich, während dort, im Gedicht, ein tief betroffenes Ich vor uns und der Nachwelt Rechenschaft ablegt, unterredet es sich hier, im Prosatext, mit sich selber. Doch seine Geständnisse sind die gleichen. Abermals nämlich lauten sie: ›Reine‹ Kunst oder Lyrik – für die nun als traditionsreiches Beispiel das stimmungsgesättigte Naturgedicht eintritt – kann und darf heute nicht geschaffen werden; selbst Zeilen, die lediglich »das Geräusch fallender Regentropfen« (oder eben den »Geruch reifer Äpfel im Keller«, den Anblick von »Schnee auf den Dächern«) zum Gegenstand haben, sind dem Dichter verwehrt. Ja, solch genußvolles Schreiben und Lesen ist nicht etwa nur, in Kenntnis der Not und Verzweiflung, einfach verpönt und unerlaubt. Es ist, angesichts unserer »blutigen Welt« mit ihrem so »furchtbaren gedrängten Zusammensein« des naturhaft Schönen mit menschlichem Unrecht und Elend, schlechterdings unsittlich. Ethik und Ästhetik scheinen unversöhnbar, das soziale mit dem künstlerischen Gewissen qualvoll entzweit zu sein: solange jene zärtlich plätschernden Regentropfen den Obdachlosen zwischen Kragen und Hals fallen und jener unschuldige Schnee (er ist »nicht nur kalt«, sondern auch ein altes Symbol der Reinheit, »wir wissen's«) fröhlich von den Dächern glänzt, nachdem er die Leichen der Erfrorenen zugeweht hat – ›barmherzig‹, wie manche Poeten behaupten. Und was soll der Apfelduft in den kühlen, geräumigen Kellern der Reichen, wenn anderswo, in den stinkenden Kellerlöchern der Armut, Kinder verhungern und Kranke verrecken? »Vor dieser Aufgabe« – wiederum: welch maßlose Mäßigung! – »schreckte« der Dichter beidemal »zurück«. Sowohl in Brechts Versen als auch in seinem Prosastück ist die Kunst geradezu unmöglich geworden, zumindest als ›reine Kunst‹; was allein noch bleibt, ist die ›Kunst als Waffe‹ und damit der schmerzliche Wille zu Abkehr und Verzicht: um, wie es mit der äußersten Sachlichkeit und Spröde heißt, »also einseitig zu werden, dürr, verstrickt in die Geschäfte der Politik und das trockene ›unwürdige‹ Vokabular der dialektischen Ökonomie . . .« In der Tat, das lyrische Ich und dessen epische Maske oder *persona* gestehn uns das gleiche. Der einzige Unterschied zwischen ihnen ist offenbar der, daß im Gedicht der Entschluß, der aus der Erzählung erst folgt, bereits deutlich und unwiderruflich verkündet wird. Indes, hat nicht auch Kin-jeh, im stummen Gespräch mit Me-ti, längst »beschlossen«, was Brechts Verse unumwunden aussprechen, so wie umgekehrt Brechts Gedicht, obwohl es nirgends von »Kunst«, geschweige denn »reiner Kunst« redet, diese dennoch ständig und unüberhörbar meint?

Vollends unüberhörbar ist aber, was Kin-jeh sich und uns (und damit zugleich seinem Dichter) nicht bloß zwischen den Zeilen, sondern wortwörtlich, wenn auch »traurig«, verkündet, um nicht zu sagen: verheißt. Denn einst, so weiß er genau, »kann es geschrieben werden«, obzwar nicht von ihm, wie er fürchtet: dieses Gedicht über den Regen, den Schnee und den

Duft reifer Äpfel im Keller, über »Hafenstädte«, »Frauen« und die »Empfindungen des Fleisches«, überhaupt über »all« das, »was den Menschen rund macht und menschlich«. Einmal, so weiß Brecht, wird der Mensch dem Menschen nicht mehr ein Wolf, sondern endlich »ein Helfer« sein; einmal, irgendwann in der Zukunft, wird und muß dieses menschliche Kunstgebilde geschaffen werden. Ethik und Ästhetik, selbst wenn sie »in finsteren Zeiten«, bevor »es so weit sein wird«, gänzlich unversöhnbar wären, sind miteinander zu versöhnen. Sie *sind* zu versöhnen; im doppelten Sinne. Die Verheißung ist eine unabdingbare Forderung. Brechts und Kin-jehs Erkenntnis, ihre bange Einsicht in die Unsittlichkeit reiner Kunst heute, enthüllt sich, in neuerlicher ›Wendung‹, als sittlich-ästhetisches Postulat. Je weniger nämlich Kunst jetzt möglich sein mag, um so mehr soll sie es dann sein. Sie *soll* dereinst sein – auch und gerade als ›reine‹, als scheinbar ›überflüssige‹, als angeblich ›entbehrliche‹. Die Kunst soll und muß sein: nach Kin-jeh wie nach Brecht.

Und trotzdem, so scheint es, besteht ein nicht unbeträchtlicher Unterschied zwischen ihnen. Schaut nicht Kin-jeh vor allem in die Zukunft, Brechts lyrisches Ich hingegen in die Vergangenheit? Spricht nicht jener von einer Kunst, die noch nicht sein *kann*, und dieses von einer, die nicht mehr sein *darf*? Ist nicht, was beide wirklich gemeinsam haben, einzig und allein das düstere Dazwischen: der Verzicht auf Kunst in einer so unmenschlichen Gegenwart? – Aber sollte das die letzte und ganze Antwort Bertolt Brechts sein? Wenn Kunst nur in der Abwesenheit gegenwärtig ist – heißt dies nicht auch, daß sie ebendamit, als abwesende, Gegenwärtigkeit besitzt oder zu gewinnen vermag? Ist sie nicht in Brechts sechzehn armen Zeilen, die ein einziger überreicher Satz sind, auf unnachahmliche Weise enthalten, nicht anders als Natur und Liebe? Und gilt nicht dasselbe für viele seiner Gedichte aus dem Exil, das für ihn gleichsam seine eigentliche Heimat, ja das Sinnbild seiner gesamten Existenz war? Nicht umsonst habe ich aus Gedichten wie *An die Nachgeborenen* und *In finsteren Zeiten* zitiert. Mitten in unserer düsteren Zwischenzeit, wo der Genuß der Natur und die Freuden der Liebe »fast ein Verbrechen« sind, mitten in dieser Zeit der Verfinsterung jeglicher Kunst beschwört der Dichter, in paradoxer Evokation durch Negation, die »Naturstimmungen« und »Empfindungen des Fleisches«, beschwört er sowohl die Kunst, die *nicht mehr* sein *darf*, als auch diejenige, die *noch nicht* sein *kann*. Aber ebendadurch *entsteht und ist* die Kunst, die *immer* sein *soll*. Ebendadurch, daß in dieser unserer Gegenwart vollendete Kunst, vollkommene Dichtung von der Unmöglichkeit, jedenfalls Unsittlichkeit von Dichtung und Kunst heute spricht, wird Kunst, wird Dichtung geschaffen. Das Ästhetische hebt sich im wörtlichsten Sinn selber auf. Wahrhaftig nicht auf »einseitige«, sondern auf unabsehbar »vielseitige« Weise wird hier, durch ›reine‹ Verneinung des Poetischen wie durch dessen angeblich ›unreine‹ Verquickung mit dem Politischen, die Verweigerung der Dichtung zum höchsten dichterischen Ausdruck, die Absage an die Kunst zur Kunst. Wie schwerlich irgendwelche anderen Verse von Brecht sind diese Zeilen ein klassisches Zeugnis für seine Poesie des *kaum* mehr, schon *nicht* mehr Sagbaren und dennoch Gesagten. Läßt sich, so frage ich, ein besserer Beweis für die Wirklichkeit der Kunst denken als dieses Gedicht über ihre Unmöglichkeit?

Oder hieße das vorschnell urteilen? Hieße es allzu bequem und harmonisch schließen? Wäre diese Selbsterlösung, wie dialektisch auch immer, am Ende gar eine schöne Täuschung? Aber kann man den Begriff der Schönheit auf solche Kunst überhaupt anwenden? Wäre derlei nicht tatsächlich »ein Verbrechen«? Gewiß, Brecht hat die unheilvolle Spaltung nicht bloß der deutschen Lyrik, sondern aller Dichtung, ihren Zerfall in *poésie pure* und *littérature engagée*, mit seiner *poésie engagée* aufgehoben. Doch darf deren »Einheit«, obzwar sie so »widersprüchlich« wie nur möglich ist, »schön« genannt werden? Wenn sich wirklich das Ästhetische wortwörtlich und in jeder Hinsicht selber aufhebt, so hebt es sich ja im dreifachen Hegelschen Sinn auf, wird also nicht bloß bewahrt, nicht bloß auf eine neue, höhere Stufe emporgehoben, sondern durchaus und ohne Rest oder Rettung auch vernichtet! Und lehnt nicht Brecht gerade mit diesem Gedicht jedwede ästhetische, in den Genuß am Schönen mündende Annäherung an sein Werk kategorisch ab? Will er es nicht »ausschließlich« als Waffe verstanden wissen, »seiner Nützlichkeit wegen«? Ist nicht damit, hier und heute, wenn nicht die Kunst als solche, so zumindest die *reine* Kunst, zumindest der reine

Kunst*genuß* verneint und verpönt? Oder sollte selbst dies noch eine Bejahung in der Verneinung, eine Anwesenheit durch Abwesenheit sein? Wie läßt sich das alles vereinbaren, geschweige denn versöhnen? Was geht in diesem *politischen Natur- und Liebesgedicht* (um einmal ganz paradox und ganz simpel zu sprechen) eigentlich vor sich, in diesem Geständnis von sechzehn Zeilen, das zugleich der unerbittliche Entschluß eines Kämpfers und die erschütternde Klage eines Dichters ist?

Gewiß, gewiß: Brecht evoziert in ihm, durch seine eindringliche Negation, »all« das, »was den Menschen rund macht und menschlich«; es wird hier in seiner ganzen Fülle und Vielseitigkeit beschworen. Ja, Brecht weist sogar, in zusätzlicher Affirmation, nochmals eigens darauf hin, wenn er rückblikkend, im Einschub, von den tödlichen »Schneefällen« versichert, sie seien keineswegs bloß »kalt«. Und Brechts Antithese zu dieser programmatischen These, sein Entschluß zur Einseitigkeit, zum Opfer und zur freiwilligen Verarmung, wird gleichfalls auf eine Weise gesetzt, wie man sie programmatischer kaum wünschen kann. Jedoch mit der Synthese, die sich daraus ergibt oder ergeben könnte, die aus solchem *»Nicht mehr* zu reden . . . / Sondern zu reden *nur mehr«* vielleicht folgt, sind die Widersprüche beileibe nicht erschöpft, kommt die dialektische Bewegung noch lange nicht zum Stillstand. Es kommt vielmehr etwas hinzu, was uns so in keinem anderen Gedicht oder Selbstzeugnis Brechts begegnet. Denn diese Synthese (falls sie tatsächlich eine ist) wird nun abermals zur evozierenden, ja provozierenden These. Weshalb nämlich will Brecht das Ästhetische nicht mehr wahrnehmen, das Menschliche, Runde und Schöne nicht mehr genießen und genußvoll gestalten, für sich und seine Mitmenschen? Warum will dieser Dichter nicht mehr das Dichterische, die ungebundene Vielfalt, sondern die ›Dürre‹ und ›Verstrickung‹, die »Geschäfte der Politik«? Warum will Bertolt Brecht statt der Kunst allein noch den Kampf? »Ausschließlich« und einzig,

Damit nicht dieses furchtbare gedrängte Zusammensein
Von Schneefällen (sie sind nicht nur kalt, wir wissen's)
Ausbeutung, verlocktem Fleisch und Klassenjustiz eine
  Billigung
So vielseitiger Welt in uns erzeuge, Lust an

Den Widersprüchen solch blutigen Lebens
Ihr versteht.

Brecht war Künstler genug, um sogar das Inhumane der Kunst (oder doch die Gefährdung jeglicher Kunst durch Unmenschlichkeit) nicht bloß zu erfahren und zu erkennen, sondern förmlich anzuerkennen. Daß er das sich und uns, wie zurückhaltend auch immer, bekannte, ist das letzte, das wahrhaft unerhörte Geständnis dieses Dichters.

Seine letzte und ganze Antwort aber ist mehr. Die Unmöglichkeit, Unsittlichkeit, Unmenschlichkeit der Kunst und deren Notwendigkeit, Sittlichkeit, Menschlichkeit stehen in Brechts Gedicht nebeneinander, ja gehen ineinander auf. Beides zusammen erst ergibt die Wirklichkeit der Kunst. Sie *ist* – aber ihre zerreißenden Widersprüche, ihre klaffenden Gegensätze bleiben offen. Waren sie in ihm selber, dem Menschen, Künstler und Kämpfer Bertolt Brecht, versöhnt? Waren sie es in seinen Versen? Werden sie wirklich jemals versöhnbar sein?

O ja, armer und dennoch so reicher Bertolt Brecht. Wir verstehn.

GEDANKEN ÜBER DIE DAUER DES EXILS

I

Schlage keinen Nagel in die Wand
Wirf den Rock auf den Stuhl.
Warum vorsorgen für vier Tage?
Du kehrst morgen zurück.

Laß den kleinen Baum ohne Wasser.
Wozu noch einen Baum pflanzen?
Bevor er so hoch wie eine Stufe ist
Gehst du froh weg von hier.

Zieh die Mütze ins Gesicht, wenn Leute vorbeigehn!
Wozu in einer fremden Grammatik blättern?
Die Nachricht, die dich heimruft
Ist in bekannter Sprache geschrieben.

So wie der Kalk vom Gebälk blättert
(Tue nichts dagegen!)
Wird der Zaun der Gewalt zermorschen
Der an der Grenze aufgerichtet ist
Gegen die Gerechtigkeit.

II

Sieh den Nagel in der Wand, den du eingeschlagen hast:
Wann, glaubst du, wirst du zurückkehren?
Willst du wissen, was du im Innersten glaubst?

Tag um Tag
Arbeitest du an der Befreiung
Sitzend in der Kammer schreibst du.
Willst du wissen, was du von deiner Arbeit hältst?
Sieh den kleinen Kastanienbaum im Eck des Hofes
Zu dem du die Kanne voll Wasser schlepptest!

Fritz J. Raddatz

Brechts Gedicht *Gedanken über die Dauer des Exils* ist nur verständlich, ordnet man es in einen größeren Zusammenhang ein; es ist, wie fast alle Texte aus den *Svendborger Gedichten,* ein innerer Monolog, ein Stück Auseinandersetzung mit sich selbst, mit den eigenen Hoffnungen und Enttäuschungen. Hier sehr einleuchtend in der Zweiteilung: Hoffnung vorab auf eine kurze Dauer des Exils – und dann doch die große Skepsis. Der Schreiber dieser Zeilen weiß inzwischen: der kleine Kastanienbaum, den er wässert, er wird wohl groß sein, und das Exil dauert an.

Es liegt aber unter all dem sehr viel mehr, eine ganz eigene politische Konzeption, auf die es sich einzulassen gilt. Diese Brechtsche Position, sein Begriff von Exil oder Emigration, läßt sich am ehesten verdeutlichen durch eine Spiegelung: mit Person, Konzept und Œuvre Thomas Manns. Der profunde Dissens zwischen diesen beiden Autoren ist nämlich nicht reduzierbar etwa auf Brechts Sottise: »Der Mann hat ein paar gute Kurzgeschichten geschrieben« oder Thomas Manns Dünnlippigkeit: »Das Scheusal hat Talent.« Er ist vielmehr fundamental – Thomas Mann ging in die Emigration, Bertolt Brecht ins Exil. Der eine weltberühmt, der andere außer mit dem Sensationserfolg der *Dreigroschenoper* mit kaum mehr als Exerzitien für Eingeweihte hervorgetreten. Der eine Repräsentant, wie er sich selber im berühmten Abschiedsbrief an den Bonner Dekan nannte, der andere Analytiker. Repräsentant wovon? In den politischen Reflexionen und Äußerungen von Thomas Mann aus den dreißiger Jahren ist eine eklatante Widerläufigkeit, Ungleichzeitigkeit festzustellen. Während er notiert: »Mein Werk hat mit Deutschland und Europa etwas zu tun, gar nichts mit der Republik«, sagt er per Telegramm im Jahre 1933 die Mitarbeit an der von seinem Sohn Klaus Mann herausgegebenen Exilzeitschrift *Die Sammlung* ab, die unter dem Patronat von André Gide, Aldous Huxley und Heinrich Mann erschien. Dann aber wieder heißt ein Text bezeichnenderweise *Leiden in Deutschland,* in dem von Tieren, Barbarisierung und Pöbelgemeinheit die Rede ist. Thomas Manns eher schrilles Pathos zeigt mehr Degout als Verständnis historischer Abläufe: »Fort mit Hitler, dem elenden Subjekt, dem hohlen Monstrum, dem undeutschen [!] Hochstapler der Macht, dessen ganze Kunst darin besteht, daß er mit eklem Mediumismus den Gemütsnerv des Volkes zu ertasten und in der obszönen Selbstverzückung einer unbeschreiblich niedrigen Rednergabe darauf zu spielen weiß. Fort mit dem ›General‹ Göring, diesem putzsüchtigen Henker mit seinen 33 Uniformen, der sich prassend und schmatzend im viehischen Genuß der ihm verrückterweise zugefallenen Schwertgewalt wälzt. [...] Fort mit diesem riesenmäuligen Propagandachef der Hölle, Goebbels geheißen, der, ein Krüppel [!] an Leib und Seele [...] Fort mit dem schamlosen Philosophaster Rosenberg, der mit seiner verhunzten Groschenwissenschaftlichkeit, seinem Viertelbildungsschmus und Rassengefasel, seinem Deckertum der Gosse das Verbrechen ideologisch unterbaut, die Gehirne zerrüttet und einem durch sein bloßes Dasein die Lust am Gedanken und Wort auf ewig verekeln könnte! Fort mit diesem ganzen apokalyptischen Gesindel, dieser Bande von Strolchen, dégénérés inférieurs und Volksverderbern, die einen Abgrund aufgerissen haben zwischen Deutschland und der gesitteten Welt.«

Quasi die Gelenkstelle der sich gleichzeitig ausschließenden Positionen Thomas Mann / Bertolt Brecht ist eine Eintragung vom Juni 1933: »Ein seelisch verdorbenes Land. Wie könnte und dürfte man zurückkehren.« Das ist das Gegenteil von: »Schlage keinen Nagel in die Wand, ... du kehrst morgen zurück.« Aus Thomas Mann spricht nicht mehr der verirrte Bürger, sondern der enttäuschte Bürger. Genau diese großen Beschwörungen, diese moralische Empörung verweist Bertolt Brecht in seiner Rede auf dem I. Internationalen Schriftstellerkongreß zur Verteidigung der Kultur in Paris in den Bereich des Gestus: »Die Schriftsteller, welche die Greuel des Faschismus erfahren, am eigenen Leibe oder am fremden Leibe, und darüber entsetzt sind, sind mit dieser Erfahrung und mit diesem Entsetztsein noch nicht ohne weiteres imstande, diese Greuel zu bekämpfen.« Dem enttäuschten Bürger steht der entlaufene Bürger gegenüber. Dem Repräsentanten der, in dem wir einen haben, auf den wir nicht bauen können.

Dieselbe Entsprechung findet sich im ästhetischen Konzept. Die Grundhaltung der Ironie – »hier ist nur noch Parodie möglich« – ist eine der Ent-zingelung – exakt jene Distanz also, vor der Brecht in seiner *Plattform für die linken Intellektuellen* warnte: »Das Ideal einer inmitten von Barbarei bestehen bleibenden Insel von Humanität ist unendlich gefährlich.« Sein ästhetisches Konzept der Verfremdung ist gerade das der Um-zingelung. Brechts politisch-diagnostischer Apparat seismographiert nicht deutsch/undeutsch, sondern oben/unten. Sein Gedicht *Über die Bezeichnung Emigration*, das im Umfeld des hier zur Debatte stehenden Gedichts zu sehen ist, in dem Band *Svendborger Gedichte* nicht zufällig dem unseren vorgespannt, signalisiert genau diese Position; die eines Mannes, der gar nicht auf den Gedanken gekommen wäre, sich etwa um die US-Citizenship zu bemühen:

»Immer fand ich den Namen falsch, den man uns gab:
 Emigranten.
Das heißt doch Auswanderer. Aber wir
Wanderten doch nicht aus, nach freiem Entschluß
Wählend ein anderes Land. Wanderten wir doch auch nicht
Ein in ein Land, dort zu bleiben, womöglich für immer.
Sondern wir flohen. Vertriebene sind wir, Verbannte.
Und kein Heim, ein Exil soll das Land sein, das uns da
 aufnahm.
Aber keiner von uns
Wird hier bleiben. Das letzte Wort
Ist noch nicht gesprochen.«

Für Thomas Mann sind die Vereinigten Staaten unter Roosevelt die Fortsetzung der Weimarer Republik mit besseren Mitteln. Für Bertolt Brecht ist eben dieses Amerika dasselbe wie die Weimarer Republik. Seine erste Exilarbeit *Furcht und Elend des Dritten Reiches* zeigt Klassenantagonismen und die menschliche Verkümmerung durch sie. Deswegen kann Thomas Mann sich sehr schnell in Amerika integrieren, in der amerikanischen Realität mit Vorträgen, Verträgen, tausend Verflechtungen und Verpflichtungen leben, einen Salon führen, in dem Werfel und Adorno, Bruno Walter und Charlie Chaplin, Schönberg und Einstein, Diplomaten und Bankiers verkehren. Anglizismen finden sich bald sogar in seinem Werk. Bertolt Brecht lebt neben der amerikanischen Realität, er geht »Lügen verkaufen«, aber Englisch kann er noch am Tage vor seiner Abreise in dem Verhör vor dem Unamerican

Activities Committee nicht. Die papale Behaglichkeit Thomas Manns zeigt etwa eine Tagebucheintragung: »Bruno Frank, vom Ereignis des Tages unterrichtet, rief an zur Gratulation ... Man trank Champagner.« Das »Ereignis« ist aber keines, das man gemeinhin erinnern würde unter dem Rubrum 1943, etwa Stalingrad, Landung der Alliierten in Italien oder Aufstand im Warschauer Ghetto. Das Ereignis ist die Beendigung seines *Josephs*-Zyklus. Das andere, eher Belästigung, findet sich einige Zeilen später: »An einem Vormittag tat ich die fällige Radiosendung zum zehnjährigen Bestehen der Nazi-Herrschaft ab.« Kurz darauf dann das entscheidende Stichwort: »Am 23. Mai 1943 ... begann ich Dr. Faustus zu schreiben.«

Dieses Buch, gleichsam auf dem Millimeterpapier seiner Rede *Deutschland und die Deutschen* geschrieben, ist die große, dämonisierende Verwerfung, Beschwörung der Verworfenheit. Es ist *die* große Abrechnung mit Deutschland. Diesem Element verdankt sich der essayistische Grundgestus des Buches.

Zur selben Zeit schreibt Bertolt Brecht sein *Leben des Galileo Galilei.* Nahezu ein Gegenentwurf. Der Metaphernhaushalt, das ästhetische Konzept, das ins Fleisch beider Werke eingegangene Weltgefühl – vulgo: Politikbegriff – sind antipodisch. Bei Brecht steht anstelle von Furcht Wißbegierde, von Mitleid Hilfsbereitschaft. Thomas Manns Roman ist ein Bekenntnisbuch, ein Buch des Abschieds; Deutschland ist einem gestohlen worden, für immer, wie ein Besitztum. Die Grundmusik ist ein wagnerhaftes Untergangsmotiv, ablesbar bis ins strukturale Detail: Hetera esmeralda, der Schmetterlingsname für das syphilitische Mädchen, bei dem sich Adrian Leverkühn vergiftet hat. Gleich nach der Erkrankung komponiert er Lieder nach Clemens-Brentano-Texten. Eines beginnt: »O lieb Mädel, wie schlecht bist du.« Die musikalische Substanz, die Tonfolge ist h-e-a-e-e-s–: Hetera esmeralda. Diese Töne, spielt man sie, ergeben den schwermütigen Sologesang des Englischhorns aus dem Vorspiel zum 3. Akt des *Tristan.*

Auch im *Galilei* ein Pakt. Aber nicht mit dämonischen Kräften. Mit sich. Eine Kläglichkeit, die hier nicht in großer Wegwerfgeste überdimensioniert, sondern das folgerichtige

Verhalten eines Einzelnen als folgefalsch demonstriert. Thomas Mann antwortet – Bertolt Brecht fragt: »Meine Aufgabe ist nicht zu beweisen, daß ich bisher recht gehabt habe, sondern herauszufinden, ob.« Dies ist das innere dialektische Gesetz der Verfremdung. Brechts Bevorzugung des Gestischen ist Gegenteil von Ironiehaltung – er zeigt nicht, was ein Mensch ist, sondern was er tut. Das Charakteristische einer Figur kommt bei ihm nicht aus dem Psychologischen, sondern aus dem Sozialen. Brechts Kommentar zum *Galilei* liest sich wie eine Abwehr des *Faustus:* »Die Darstellungen des bürgerlichen Theaters gehen immer auf die Verschmierung der Widersprüche, auf die Vortäuschung von Harmonie, auf die Idealisierung aus. Die Zustände werden dargestellt als so, wie sie gar nicht anders sein können; die Charaktere als Individualitäten, nach dem Wortsinn Unteilbarkeiten von Natur aus, ›aus einem Guß‹, als sich beweisend in den verschiedensten Situationen, eigentlich auch ohne alle Situation bestehend. Wo es Entwicklung gibt, ist sie nur stetig, niemals sprunghaft, und immer sind es Entwicklungen in einem ganz bestimmten Rahmen, der niemals gesprengt werden kann. Das entspricht nicht der Wirklichkeit.« Folgerichtig soll nicht – wie bei Thomas Mann – Verdammung gesprochen, sondern sollen Lebensregeln gelernt werden. Es geht nicht um eine alte, sondern um eine neue Zeit. Die erste und letzte Szene handelt von der »Begründung der neuen Zeit«, und der letzte Satz des Abschnitts im *Kleinen Organon,* der sich mit dem *Galilei* befaßt, lautet: »Eine bedeutsamere Prüfung steht bevor, und macht nicht jedes Versagen ein weiteres Versagen leichter?«

Fast möchte man es keinen Zufall nennen, daß Thomas Mann ein Brecht-Wort benutzt, wenn er den Gedanken der Rückkehr, auf die Brecht die Jahre des Exils hindurch wartete, entsetzt von sich weist: »Der Gedanke, eines Tages in das verfremdete Deutschland zurückzukehren und dort womöglich gegen Natur und Beruf eine politische Rolle zu spielen, war mir in der Seele fremd.« Thomas Mann hat Deutschland und den Deutschen nie vergeben. Seine Tagebücher aus der Zeit sind voller Haß und Erbarmungslosigkeit – wiederum ganz diametral entgegengesetzt den Gedanken Brechts, der Thomas Mann nun ein »Reptil« nennt und in seinem *Tagebuch* kommentiert: »Solch ein Volk muß gezüchtigt werden!

[. . .] Für einen Augenblick erwog sogar ich, wie das deutsche Volk sich rechtfertigen könnte, daß es nicht nur die Untaten des Hitler-Regimes, sondern auch die Romane des Herrn Mann geduldet hat, die letzteren ohne 20 bis 30 SS-Divisionen über sich.« Es geht aber nicht um Sottisen, es geht um einen anderen Begriff von Nation. Bei Brecht liest man immer wieder: »Das Herz bleibt einem stehen, wenn man von den Luftbombardements Berlins liest« oder »Hamburg geht unter, über ihm steht eine Rauchsäule doppelt so hoch wie der höchste Berg, 6000 Meter, die Mannschaften der Bomber benötigen Sauerstoffapparate, seit 72 Stunden alle 12 Stunden ein Angriff.« Ihn, den Radikalen, graust es vor Thomas Manns Radikalität: »Als Thomas Mann vorigen Sonntag, die Hände im Schoß, zurückgelehnt sagte: ›Ja, eine halbe Million muß getötet werden in Deutschland‹, klang das ganz und gar bestialisch. Der Stehkragen sprach . . . Es handelte sich um kalte Züchtigung, und wo schon Hygiene als Grund viehisch wäre, was ist da Rache (denn das war Ressentiment von dem Tier).« Brechts Härte ist zugleich weich, Härte des Wassers. Er hat Deutschland nie geliebt, haßt also nicht. Er sieht soziale Strukturen, nicht Nationen. Für ihn ist Sunset Boulevard dasselbe wie Berlin–Bayerischer Platz. Brechts gesamtes Kategorien- und Wertesystem verläuft in anderen Bahnen. Er hat nie etwas repräsentiert – so hätte er auch nie sagen können: »Wo ich bin, ist die deutsche Kultur.« Wenn Thomas Manns Werk Suche nach einer temps perdu ist, so ist das von Brecht Sprung nach vorn, es will Denkmodell sein. Er seziert nicht einen Leichnam, sondern versucht, einen Kranken zu operieren.

Doch die große Frage unseres Gedichts für den Tag nach der Befreiung, von dem die Rede geht: »Willst du wissen, was du von deiner Arbeit hältst?« wird auch für Brecht eine sonderbare Antwort bereithalten. Als er seinen *Galilei* schrieb, wußte er noch nicht, wie sehr und wie bald List und Menschlichkeit des Galileo Galilei auch die des armen BB werden sollten. Thomas Mann kehrte nie nach Deutschland zurück, bewußt. Aber Brecht tat es – und erlebte noch den Wirklichkeitsgehalt des Satzes von Galilei an Andrea, der die *Discorsi* herausschmuggeln wird: »Gib acht auf dich, wenn du durch Deutschland kommst, die Wahrheit unter dem Rock.« Bertolt

Brecht kam »durch Deutschland«; er kehrte zurück – aber fand er wirklich heim? Eine seiner letzten Tagebuchnotizen ist auch eine der entsetzlichsten. Sie zeigt, daß auch er, BB, das große Fremdsein noch spürte: »Das Land ist immer noch unheimlich. Neulich, als ich mit jungen Leuten aus der Dramaturgie nach Buckow fuhr, saß ich abends im Pavillon, während sie in ihren Zimmern arbeiteten oder sich unterhielten. Vor zehn Jahren, fiel mir plötzlich ein, hätten alle drei, was immer sie von mir gelesen hätten, mich, wäre ich unter sie gefallen, schnurstracks der Gestapo übergeben . . .«

Ich weiß doch: nur der Glückliche
Ist beliebt. Seine Stimme
Hört man gern. Sein Gesicht ist schön.

Der verkrüppelte Baum im Hof
Zeigt auf den schlechten Boden, aber
Die Vorübergehenden schimpfen ihn einen Krüppel
Doch mit Recht.

Die grünen Boote und die lustigen Segel des Sundes
Sehe ich nicht. Von allem
Sehe ich nur der Fischer rissiges Garnnetz.
Warum rede ich nur davon
Daß die vierzigjährige Häuslerin gekrümmt geht?
Die Brüste der Mädchen
Sind warm wie ehedem.

In meinem Lied ein Reim
Käme mir fast vor wie Übermut.

In mir streiten sich
Die Begeisterung über den blühenden Apfelbaum
Und das Entsetzen über die Reden des Anstreichers.
Aber nur das zweite
Drängt mich zum Schreibtisch.

Jürgen Becker
Gute Zeiten, nicht nur für Lyrik

Soviel weiß ich auch: die Leute mögen mich
gutgelaunt, mit Lob für ihr Tun auf den Lippen,
federnden Ganges, von Erfolgen erzählend
und verschont von Problemen, Schönwetter versprechend
für morgen, wenn es heute und gestern regnet.

Meine Frau weinte gestern, als ich wütend wurde
und sehr laut, wie ich meinte, zu Recht;
und die Katze läuft vor mir weg,
seit ich mit einem Pantoffel warf.

Gut denn, die Freundlichkeit läßt sich trainieren.
Anpassen läßt sich das Mienenspiel.
Ein paar Rosen tun Wunder.

Warum auch nicht. Im ganzen Land
die Stimmung wäre gut und ohne Gespenst,
wenn es Preislieder wären, Grüße, Hymnen,
süße Gedichte zum Lutschen.

Statt dessen: die Stimmen des Argwohns,
die Rufe von Verletzten,
angstvolles Singen im Wald,
Wörter wie Waffen, Lähmung, Verstummtes.

Immerhin, gute Zeiten für Lyrik,
für Traurigsein und Wut, für Resignatives, Protest.
Dabei, kein Fuß im Exil, kein Hals unterm Galgen;
gelegentlich Fouls, Schiedsrichter pfeift.

Oder irre ich mich.
Was sind denn für Zeiten?
Nachrichten –
Zeichen –
Bilder –
Wörter, Klänge, Geräusche –
seht hin, hört her: und du weißt es,
nichts scheint geändert,
die alten, die neuen finsteren Zeiten.

Aber, ich frag mich, was brauchen wir denn;
was reizt und fordert und zwingt uns?

Sei ehrlich, du verdankst deine Szene
dem Kampf der Klassen, und ohne
den Bösewicht hättest du keinen Helden.

Und du spielst ihn gerne und gut
und freust dich über den Beifall
zu deiner Meisterschaft im Schock.
Und du malst die Leichen perfekt,
deine Bilder werden bewundert,
sind schrecklich, teuer und schön.
Gibs zu, die Schläge, Schreie und Schüsse,
Geräusch-Material für dein Tonband,
glücklich macht dich dein neues Klangwerk.

Glücklich macht es auch mich, das richtige Wort
zum Selbstmörder-Abend;
lustlos kommt kein Satz
über die Giftwolke über dem Haus.
Gute Zeiten, nicht nur für Lyrik.
Was in mir, in uns
sich streitet:
die *Begeisterung* und das *Entsetzen,*
ist ja kein Streit,
denn wir können es ja beschreiben,
mit Begeisterung, das Entsetzen.

Kann einmal Paradies sein, was dann,
was drängt dich zum Schreibtisch?
Möcht ich schon lernen,
freundliche Sätze zur Freundlichkeit;
möchte ich können,
für schöne Leute die schönen Bilder.

Neulich war Ruhe in warmen Tagen.
Wir stritten nicht und schliefen lang.
Keine Klage und auch kein Bedarf,
und wir hatten nichts weiter zu sagen.

Wer baute das siebentorige Theben?
In den Büchern stehen die Namen von Königen.
Haben die Könige die Felsbrocken herbeigeschleppt?
Und das mehrmals zerstörte Babylon –
Wer baute es so viele Male auf? In welchen Häusern
Des goldstrahlenden Lima wohnten die Bauleute?
Wohin gingen an dem Abend, wo die Chinesische Mauer
fertig war
Die Maurer? Das große Rom
Ist voll von Triumphbögen. Wer errichtete sie? Über wen
Triumphierten die Cäsaren? Hatte das vielbesungene
Byzanz
Nur Paläste für seine Bewohner? Selbst in dem
sagenhaften Atlantis
Brüllten in der Nacht, wo das Meer es verschlang
Die Ersaufenden nach ihren Sklaven.

Der junge Alexander eroberte Indien.
Er allein?
Cäsar schlug die Gallier.
Hatte er nicht wenigstens einen Koch bei sich?
Philipp von Spanien weinte, als seine Flotte
Untergegangen war. Weinte sonst niemand?
Friedrich der Zweite siegte im Siebenjährigen Krieg. Wer
Siegte außer ihm?

Jede Seite ein Sieg.
Wer kochte den Siegesschmaus?
Alle zehn Jahre ein großer Mann.
Wer bezahlte die Spesen?

So viele Berichte.
So viele Fragen.

Gert Ueding

Im November 1870 hielt Jacob Burckhardt in der Aula des Basler Museums seinen berühmten Vortrag *Über historische Größe,* worin er, von der idealistischen Geschichtsphilosophie und seinen ganz aktuellen Erfahrungen dieses Jahres ausgehend, die Wirksamkeit des geschichtsmächtigen Individuums untersucht. Die idealistische Argumentation, die historische Größe als Erscheinung der »großen Lebenszüge« der Völker darstellt, kann aber die skeptische Haltung nicht verbergen, die Burckhardt diesem Problem gegenüber einnimmt, sobald er auf die sittliche Rechtfertigung der Gewalt zu sprechen kommt, durch welche historische Größe wirksam wird. Doch deren Zweideutigkeit sieht er nicht nur ethisch, sondern ebenso geschichtsphilosophisch begründet, denn das große Individuum tritt »fast nur in schrecklichen Zeiten« auf, ist Manifestation einer historischen Krise, die auch kenntlich wird an jener sklavischen Heldenverehrung und Unterwürfigkeit, die Burckhardt verachtete.

Kein größerer Gegensatz zu dieser Rede scheint möglich als Brechts Gedicht, ein Menschenalter nach ihr entstanden und gemeinhin benutzt zur einleuchtenden Illustration einer Geschichtsauffassung, die den historischen Prozeß nicht mehr in den Händen großer Männer, sondern aus dem Antagonismus von Klassen sich entwickeln sieht. »Lest ihr Geschichte, so lest ihr von Taten enormer Personen; ihrem Gestirn, sich erhebend und fallend; vom Zug ihrer Heere; oder von Glanz und Zerstörung der Reiche. Den Klassikern aber ist die Geschichte zuvörderst Geschichte der Kämpfe der Klassen.« Die *Fragen des lesenden Arbeiters* zielen scheinbar nur auf diese Erkenntnis des *Kommunistischen Manifestes,* das Brecht seit 1945 versucht hat, in Verse zu setzen. Dafür spricht auch die zyklische Komposition des Abschnitts *Chroniken* in den *Svendborger Gedichten.* Eingangs- und Schlußgedicht, die *Fragen des lesenden Arbeiters* und die *Hymne auf den Großen Oktober* begründen die Koordinationsbeziehungen zwischen den *Chroniken.* Der historische Bezugspunkt der Fragen ist mit dem Widmungsgedicht zum zwanzigsten Jahrestag der Oktoberrevolution angegeben, und von ihm gewinnen sie ihre politische Brisanz: der hier die Bedingungen und Folgen historischer Größe fragend in Zweifel zieht, ist ein Arbeiter, Stellvertreter der Sklaven, Maurer und Soldaten, die die Spesen bezahlten dafür, daß einem großen Mann die Stunde schlug. Deren Wirksamkeit hatte Burckhardt schon bedacht, doch eher mit einem pessimistischen Blick auf die »allgemeine Verflachung«, das »Knirpstum« und die »Unterwürfigkeit«, die so anfällig für die Verwechslung von Macht und Größe machen. Gerade die Ereignisse des Jahres 1870 zwangen ihn zur Stellungnahme, Prüfung und Vergewisserung seines historischen Bewußtseins; daß ihr Ergebnis so zweideutig ausfiel und in scharfen Kontrast zur gründerzeitlichen Euphorie geriet, liegt an der kulturpessimistischen Perspektive seiner weltgeschichtlichen Betrachtungen. Ende und Umschlag jener von Burckhardt registrierten historischen Tendenz hat Brecht erfahren, so ist es nicht mehr nur Skepsis, die er dem Problem historischer Größe entgegenbringt, sondern bereits die Hoffnung auf seine Lösung in einem ganz neuen Sinne: »Endliches Sichaufrichten der so lange Niedergebeugten!« Daß sich hinter diesem Pathos eine tiefe Unsicherheit verbirgt, die genau besehen eine merkwürdige Affinität zur Haltung des Basler Historikers verrät, wird allerdings erst deutlich, wenn man die übrigen *Chroniken* in ihrer Konstellation zu den beiden Rahmengedichten betrachtet: die Koordinaten stimmen dann plötzlich nicht mehr, und die Verse, die wie rhetorische Fragen, pathetische Bekräftigungen der im Schlußgedicht nochmals ausgesprochenen Überzeugung anmuteten, gewinnen eine Offenheit, die von jeder neuen *Chronik* eindringlich behauptet wird.

Jedes Rollengedicht betont die Distanz, die Autor und Sprecherfigur trennt. Im Falle des Augsburger Bürgersohnes Brecht ist das nicht nur die eigene Klassenzugehörigkeit, gegen die er einen so verbissenen wie vergeblichen Prozeß in seinem Werk geführt hat, sondern ebenso seine Wirksamkeit als Schriftsteller und Intellektueller, sein politisches Schicksal. Zuallererst mußte sich ja Brecht selber dergleichen Fragen, wie sie sein lesender Arbeiter stellt, konfrontiert sehen: »So viele Berichte/ So viele Fragen« – das ist nicht mehr die Sprecherfigur des Rollengedichts, hier hat ein anderer, zur Antwort provoziert, das Wort ergriffen, und wenn man auch ihn nicht leichtfertig mit dem Autor identifizieren sollte, so wird er doch zum Medium seiner von den Fragen bewirkten Irritation, versucht, ihr berichtend, mit historischer Prüfung und Vergewisserung zu begegnen. Waren nicht die Herren von Atlantis noch im Untergang angewiesen auf ihre Knechte, gewannen sie nicht einmal Selbständigkeit im Tod? Wer bezahlt die Spesen, damals wie heute? Der da unter das dänische Strohdach geflüchtet ist, verfolgt von ferne den Kampf, den andere führen, und alle Verse, die er, »aufgescheucht/ Durch blutige Gesichte über Sund und Laubwerk«, ihnen schickt, reimen sich auf das Schuldbewußtsein dessen, der beobachten muß und nicht handeln kann, der Worte hat, aber keine Taten. Die *Chroniken* gehören, das machen die *Fragen des lesenden Arbeiters* deutlich, in die Reihe der lyrischen Rechenschaftsberichte und Verteidigungsreden, die bis zu dem späten Gedicht *Böser Morgen* von 1953 reichen und Brechts Werk leitmotivisch durchziehen. Das ethische Problem der künstlerischen Existenz in der bürgerlichen Gesellschaft, literarisches Thema seit der Aufklärung, bestimmt Brechts Denken auch noch nach der marxistischen Wende: »Wie handelt man/ Wenn man euch glaubt, was ihr sagt? Vor allem: Wie/ handelt man?« fragt der »Zweifler« in Brechts gleichnamigem Gedicht, doch selbst die Proklamation des Schriftstellers als eines fragenden, zweifelnden Lehrers, der das Wie des Handelns bedenkt, vermag die Kluft zwischen Denken und Tun, Theorie und Praxis nicht zu schließen.

Die *Chroniken*, die auf die Fragen folgen, sind nur probierende, mögliche Antworten, um so zweideutiger, je sicherer sie sich geben. Bewirken doch Dummheit, Verführbarkeit und Dunkelsucht der Schüler, daß der Tod des Empedokles verklärt und damit seines Sinnes beraubt wird; sind es doch gerade nicht die Gedanken des Zöllners, die Laotse ins Buch schreibt; ist es doch Lenin, den die Teppichweber auf für sie unübliche Weise ehrten, »indem sie sich nützten«. Gerade die Antworten nun, die sich nicht mit einer kritischen Beleuchtung bisheriger Geschichtsbilder begnügen (»Aber rühmen wir nicht *nur* den Weisen«), sondern den Fragen des lesenden Arbeiters ihren positiven Sinn abgewinnen wollen, kulminieren in einer bloßen Imitation von historischer Idealität. Es sind die alten Heroenklischees, die in dem »große[n] Bild, das die Klassiker einstmals/ Erschüttert voraussahen«, erneut auftauchen, die gründerzeitliche Identifikation von Macht und Größe, die das Lob auf die 80 000 Arbeiter wiederaufnimmt, der bürgerliche Austausch von Quantität und Qualität, der das Preislied auf die »Schnelligkeit des sozialistischen Aufbaus« veranlaßt. Die *Fragen des lesenden Arbeiters* führen Brecht deshalb an die Grenze seiner künstlerischen Fähigkeiten, weil sie an das historische Dilemma der Geschichtsauffassung rühren, aus deren Perspektive sie formuliert wurden. Burckhardt hatte gerade wegen seiner idealistischen Überzeugung viel freimütiger als später Brecht, für den der Arbeiter zur Kompensationsfigur seines schlechten sozialen Gewissens werden sollte, die Welt der »Kleinen«, der »Knirpse«, aus deren Sicht historische Größe meist bestimmt wird, als ethisch ebenso fragwürdig wie die der Großen darstellen können: voller Gier, Neid und Korruption, ebenso inhuman wie die des Helden im Bildersaal der heroischen Geschichte. Die Übertragung der altbekannten Heldenzüge auf die Arbeitermassen, die Montage von Theben und Moskau, lenkt, wenngleich unfreiwillig, den Blick auf deren gemeinsames Wesen. Stellt Manès Sperber, rückblickend auf den Sommer des Jahres 1914, fest: »Das lebendige Proletariat glich in keiner Weise jenem der Theorie«, so kommt Brecht auf anderem Wege, im Gedicht, und ohne es sich schon eingestehen zu wollen, zum selben Ergebnis. Überall nämlich, wo er versucht, das theoretische Konstrukt »Proletariat« gewaltsam mit seiner Wirklichkeit zu identifizieren, den Widerspruch zwischen beiden zu überschminken, da droht sich sein Pathos in Schwulst, sein Ethos in Kitsch zu verwandeln. Schon die so gebildet räsonnierende Sprecherfigur nimmt nun trotz aller Präzision und Sachlichkeit ihrer Rede, freilich auch durch die letzten *Chroniken* verstärkt, einen Ausdruck von Schwärmerei an. So modelt sich ein bürgerlicher Intellektueller, der gern keiner mehr wäre, den Arbeiter nach dem Bilde seiner Wünsche und knüpft den Sinn der Geschichte, auch der Kulturgeschichte, an die Verwirklichung eines Mythos, nämlich die Aufhebung aller Klassen in der Selbstaufhebung des Proletariats. »Ist es auch angeknüpft an Vorhandenes«? befragt kritisch der Zweifler die vor ihm sitzen: »Nachdenklich betrachteten wir mit Neugier den zweifelnden/ Blauen Mann auf der Leinwand, sahen uns an und/ Begannen von vorne.«

DIE LITERATUR WIRD DURCHFORSCHT WERDEN

Für Martin Andersen Nexö

I

Die auf die goldenen Stühle gesetzt sind, zu schreiben
Werden gefragt werden nach denen, die
Ihnen die Röcke webten.
Nicht nach ihren erhabenen Gedanken
Werden ihre Bücher durchforscht werden, sondern
Irgendein beiläufiger Satz, der schließen läßt
Auf eine Eigenheit derer, die Röcke webten
Wird mit Interesse gelesen werden, denn hier mag es sich
um Züge
Der berühmten Ahnen handeln.

Ganze Literaturen
In erlesenen Ausdrücken verfaßt
Werden durchsucht werden nach Anzeichen
Daß da auch Aufrührer gelebt haben, wo Unterdrückung
war.
Flehentliche Anrufe überirdischer Wesen
Werden beweisen, daß da Irdische über Irdischen gesessen
sind.
Köstliche Musik der Worte wird nur berichten
Daß da für viele kein Essen war.

II

Aber in jener Zeit werden gepriesen werden
Die auf dem nackten Boden saßen, zu schreiben
Die unter den Niedrigen saßen
Die bei den Kämpfern saßen.

Die von den Leiden der Niedrigen berichteten
Die von den Taten der Kämpfer berichteten
Kunstvoll. In der edlen Sprache

Vordem reserviert
Der Verherrlichung der Könige.

Ihre Beschreibungen der Mißstände und ihre Aufrufe
Werden noch den Daumenabdruck
Der Niedrigen tragen. Denn diesen
Wurden sie übermittelt, diese
Trugen sie weiter unter dem durchschwitzten Hemd
Durch die Kordone der Polizisten
Zu ihresgleichen.

Ja, es wird eine Zeit geben, wo
Diese Klugen und Freundlichen
Zornigen und Hoffnungsvollen
Die auf dem nackten Boden saßen, zu schreiben
Die umringt waren von Niedrigen und Kämpfern
Öffentlich gepriesen werden.

Martin Walser
Über die verständlichen Gedichte

1. Erster Versuch, nicht sofort mit dem Interpretieren zu beginnen

In der religiösen Tradition, aus der die Literatur auch stammt, kennt man eine Art Spezialistenschwindel. Das muß der religiös Erfahrene zugeben. »Sie dachten, wie niemand, und handelten, wie alle.« Ein Satz über eine Sorte Intellektueller von Johann Gottlieb Fichte, aus seiner *Kritik aller Offenbarung*. Der Gedichtspezialist könnte, wenn er nicht aufpassen würde – er paßt natürlich auf –, diesen Eindruck erwekken. Aber wenn solche Kostbarkeits-Spezialisten serienweise auftreten, dann geht es wieder. Finde ich. Je öfter ein Widerspruch vorkommt, desto weniger stört er (Arbeitslose ausgenommen). Seit in Frankfurt dieses Seitenaltärchen für Gedichte und deren Interpreten errichtet wurde, hat man sich nur zu gerne daran gewöhnt, Leuten, denen man sonst im Foyer und im Fernsehen begegnete, bei frommerem Murmeln zuschauen zu dürfen. Den meisten steht es auch noch sehr gut, wenn sie so ein überirdisch verkrampftes Sprachwerk etwas zwangloser nachbeten. (»Die erste Zeile verweist deutlich auf eine konkrete Realität: anonyme Hochhäuser, in denen die Fahrstühle funktionieren.«) Das ist Spezialistentum, fraglos. Seien wir froh, daß dank einer gewendeten Tendenz auch das Gedicht seinen Öffentlichkeitsanteil deutlich vergrößern konnte. Ius talionis? Vielleicht. Freuen wir uns, bitte, zu früh! Man dichtet wieder mehr! Also interpretiert man auch wieder mehr! Also liest man auch wieder mehr! Also bitte! (Functio interpretationis formaliter spectatae)

Jemand wie ich, der wahrscheinlich noch nie in seinem Leben ein Gedicht interpretierte, dürfte heute da UND dort eins interpretieren. Das ist boom. Abends gibt es schon die Frage: Was machen wir? Interpretieren wir noch eins? Natürlich frage ich mich als Anfänger sofort: Interpretieren, was ist das? »Dieses Lied kommt von weit her und ist dennoch ganz nah.« So einer der Meister des Frankfurter Altars. Ein anderer Frankfurter Meister: »Im *Auch du und ich* der verkürzten, letzten Zeile wird die Leidenschaft der Verbannten einfache Versgestalt.« Offenbar muß man sich schon ziemlich einlassen auf das Gedicht. Es scheint, als müsse man sich vom Gedicht infizieren lassen, auf daß sich in einem selber ein Serum bilde, ein Antipoetikum, das man dann den Leuten verkauft zum Schutz gegen weitere Infektionen durch dieses Gedicht. Einfach, weil einem Gedichte auch zu nahe gehen können. Das Wichtigste ist doch, daß der Interpret und sein Leser älter werden, gesünder bleiben als der Gedichtemacher. Also: Heruntersetzen des Lese-Risikos. Aber nicht schnöde werden. Schön drin bleiben. In der Welt des Gedichts. Prickeln muß es schon. Sonst könnte man ja gleich Prosa lesen. Liegt die Gefahr des Lippengebets nahe? Nein. Lippengebet ist etwas Schönes. Jeder, der genug Zeit in wirklichen Kirchen verbracht hat, kennt die Schönheit des vollkommen leblosen Gesichts, in dem die Lippen sich bewegen ganz für sich.

2. Zweiter Versuch, das Interpretieren noch aufzuschieben

Ich gebe zu, daß ich mir meinen ersten Interpretations-Versuch ein bißchen einfach mache: ich mache mich an ein Gedicht heran, das ich verstehe. So besteht die Gefahr, daß auch jeder andere dieses Gedicht versteht. Obwohl ich durch diese Aussicht ein weiteres Mal zur Überflüssigkeit verurteilt bin, kann ich mich nicht entschließen, mich an ein mir und deshalb vielleicht auch anderen unverständliches Gedicht heranzumachen. Wenn mir Gedichte nichts sagen – das ist eine mich immer wieder demütigende Erfahrung –, sagen mir auch ihre Interpretationen nichts. Und wenn sie mir etwas sagen – oh Fluch unserer Überflüssigkeit –, dann brauche ich keine Interpretation.

Ich kann natürlich Gedichte nicht vom Blatt lesen. Ich muß sogar gestehen, daß mir Gedichte nur etwas sagen, während ich sie lese. Von Romanen, beim Lesen nur zur Kenntnis genommen, zehre ich hauptsächlich später. Gedichte muß ich, um etwas davon zu haben, wiederlesen. An Musik zu denken, genügt ja auch nicht.

Die erste Lektüre eines Gedichts bewirkt günstigstenfalls, daß ich es noch einmal lesen will. Auch die zweite Lektüre erzeugt oft nicht mehr als den Zwang zu einer dritten Lektüre.

Man sieht: nichts ist dem Gedichtelesen so ähnlich wie das Bordeaux-Trinken. Der erste Schluck ist doch wirklich nicht der befriedigendste. Ist das nun *trocken* oder *herb?* Oder nur dunkel? Man könnte natürlich sofort sagen: Das ist eben Bordeaux bzw. Brecht.

Damit wären höchstens Einteilungsbedürfnisse, nicht aber Lebensbedürfnisse zufriedengestellt. Vielleicht kann der Meister-Interpret Bertaux, der seine Unerschrockenheit schon an Hölderlin erprobt hat, den Zusammenhang Brecht-Bordeaux mit Hölderlin-Bordeaux in *ein* Interpretationsbad legen; könnten tolle Bilder werden. Ich fürchte, ich kann Gedichte nur lesen, bis ich sie verstanden habe. Wenn ich merke, daß ich auf die Angebote des Gedichts immer wieder gleich reagiere, kann ich es nicht mehr lesen.

Das Gedicht Brechts *Die Literatur wird durchforscht werden* hat mich schon von der zweiten Lektüre an mit rasch zunehmender Deutlichkeit angesprochen: es machte mir einen Vorwurf. Die dritte Lektüre arbeitete diesen Vorwurf aus. Der Vorwurf suchte sich in mir die schwachen Stellen aus, die für ihn empfänglich sein mußten. Beim vierten Lesen dachte ich, daß es – zum Glück – kein unangreifbares Gedicht sei. Meisterhaft gepreßte Zeilen, allzu meisterhaft, schon ein bißchen Masche, Brecht-Masche, nicht wahr? Mehr als ein bißchen. Angewendet auf Schreibende. Mit Recht. Wenn diese strenge Masche, dann gegen uns. Bitte. Aber da schlüpfe ich doch spielend leicht durch mit Hilfe der Überlegung, daß die Einteilung in solche auf goldenen Stühlen und solche auf nacktem Boden zu simpel sei. Gegen ihre Berechtigung kann ich allerdings nichts vorbringen. Noch gibt es den nackten Boden, noch gibt es goldene Stühle. Noch wird da und da geschrieben. Allerdings: »Die Literatur wird durchforscht werden« – Ankündigung eines Jüngsten Tages für Literatur durch B. B. Ich habe, das spür' ich jetzt, das Gedicht in einer für mich bezeichnenden Weise mißverstanden. Da soll nicht abgerechnet werden, wie gut oder böse ein Schreiber war; da sollen nicht die auf den goldenen Stühlen nachträglich verdammt werden. Da wird nur nachgeschaut, ob in dem ganzen, auf goldenen Stühlen entstandenen kostbaren Geschreibsel irgendwas anfiel, was Geschichte enthält, also brauchbar ist für die, die siegen werden. Allerdings läßt sich B. B. dann doch noch zur Gerichtsbarkeit hinreißen: Ruhm wird nur der kriegen, der auf dem nackten Boden schrieb. Jetzt möchte ich so rasch als möglich den »nackten Boden« übersetzen in etwas, wo ich auch noch manchmal hinreiche. Es gibt aber inzwischen bestimmt eine schöne Schar Schreibender, die diesem Gedicht antwortet, sie fühle sich unwohl genug auf ihren goldenen Stühlen und Nachtgeschirren und fände es lächerlich, sich auch noch mit den »Leiden der Niedrigen« behelligen zu sollen.

Wenn ich einen sicheren Standort hätte, könnte ich solche Fragen beantworten. Es gelingt mir nicht, die Einteilung in »goldene Stühle« und »nackten Boden« zu übersetzen und mich mit Hilfe der durch die Übersetzung erreichbaren Unverbindlichkeit auf eine mir angenehme Position zu lavieren. Das Gedicht setzt Schreibende entweder auf goldene Stühle oder auf den nackten Boden. Ein dritter Ort ist in diesem Gedicht nicht vorgesehen. Einen dritten Ort gibt es vielleicht nicht. Eine entsetzliche Aussicht.

Also jetzt, wohin mit dir? Das Gedicht droht. Das Gedicht ist mir inzwischen ungeheuer verständlich. Das Gedicht hofft für seinen Schreiber. Aber dir, dem Leser, droht es. Falls du ein Schreiber bist. Aber jeder Leser ist ein Schreiber. Ein Gedicht lesen heißt, es für sich schreiben. Wo bleibst du also, wenn du nicht versuchst, durch abwiegelnde Interpretation, das heißt, durch Überführung der Gedicht-Wörter in harmlosere, dem Zwang des Gedichts zu entkommen? Zum Glück fällt mir etwas Rettendes ein. Aber ja. Ich werde mich doch nicht von diesem allzu typischen Gedicht Brechts in zwei Teile zerschneiden oder gar auf einen verwirkten goldenen Stuhl setzen lassen. Soweit kommt's. Nicht mit mir, Bertolt Brecht. Ich sage Ihnen folgendes: Sie haben geschrieben: »Die Literatur wird durchforscht werden«, ich sage: einverstanden. Was wir gemacht haben, wird geprüft werden auf seine Brauchbarkeit. Das Gedicht sagt, zum Glück, nicht, daß einer sich aussuchen kann oder gar soll, wo er sitzt und schreibt. Das Gedicht sagt, wer droben sitzt, kommt als Beiträger zur menschlichen Geschichtsschreibung weniger in Frage, als wer drunten sitzt. Die Geschichte wird zwar immer im Auftrag der Herrschenden geschrieben. Die Dichter auf dem nackten Boden aber schreiben die wirkliche Geschichte. Die eine Gegengeschichte ist. So. Ich hoffe, ich wisse nicht, wo ich sitze. Zu sagen, wo ich gern säße, wäre Wunschdenken, gehört nicht hierher. Wo einer saß, wird festgestellt werden.

So rede ich mit dem Gedicht, um mich vor seiner Drohung zu behaupten. Ich habe so lange mit dem Gedicht geredet, bis es mir das gesagt hat, was ich gern hätte, daß es mir sage: Wer auf goldenen Stühlen schreibt, kann zwar, ohne daß er es will und weiß, auch etwas schreiben, das man wird brauchen können. Da ihm das aber gewissermaßen wider sein schlechteres Wissen aufs Papier kam, wird er dafür nicht gerühmt werden. Gerühmt wird, wer drunten usw. ABER für mich das Wichtigste: du kannst dir das nicht aussuchen. Aber das

Allerwichtigste: Es fällt einem nur ein, was einem fehlt. Das ist die Schreibbedingung Nummer eins. FÜR ALLE. Und weil drunten Wichtigeres fehlt, wird dort auch Wichtigeres geschrieben. Die Luxusprobleme auf den goldenen Stühlen sind wichtig nur für die, die sie haben. Und wenn es einmal nur noch goldene Stühle geben wird ... Dann reden wir weiter ... Ach ja, noch etwas, liebes B. B.-Gedicht: Da immer so viel Mühe an die Erhaltung des Nationalen Erbes gewendet wird, werden auch die bösesten Sitzgelegenheiten nicht abmontiert, sondern erhalten. Und daß die dann nicht leer bleiben, ist klar. Und den nackten Boden gibt's auch noch. Wieder sitzen da welche. Offenbar schreiben die auch, was ihnen fehlt. Offenbar fehlt immer noch was. »Ja, es wird eine Zeit geben, wo ...«: stimmt ganz sicher. Aber dann wird's eben noch eine geben. Und noch eine. Darf ein Futurgedicht überhaupt schließen? Hegel fragen!

So rede ich mit dem Gedicht. So redet es mit mir. Es hat mir Anlaß gegeben, ein paar Meinungen aufzufrischen. Es hat mir durch seine Drohung eingeschärft, daß ich nicht imstande bin, meine Arbeit selber zu rechtfertigen. Ich gebe zu, daß auch das etwas sein kann, wonach ich gesucht habe. Vielleicht ist ein Gedicht am meisten geeignet als ein Turngerät zur Ausführung eines Monologs. Daß etwas herauskommt. So könnten Gedichte, wenn ich noch eine hübsche Vorrichtung von dem selben Fichte gebrauchen darf, »Maschinen zur Beförderung des Guten« sein. Aber das grenzt ja schon wieder an Seelsorgerei. Ich fürchte, bei mir haben Gedichte einfach Gebete abgelöst. Das geht mir nach.

Wir waren miteinander nicht befreundet
Doch haben wir einander beigewohnt.
Als wir einander in den Armen lagen
War'n wir einander fremder als der Mond.

Und träfen wir uns heute auf dem Markte
Wir könnten uns um ein paar Fische schlagen:
Wir waren miteinander nicht befreundet
Als wir einander in den Armen lagen.

Hiltrud Gnüg

Das *Liebeslied aus einer schlechten Zeit* scheint gründlich mit dem traditionellen Genre des Liebesgedichts zu brechen: keine Seelenharmonie wird da beschworen, kein erotisches Glücks- und Lustgefühl, weder romantische Sehnsucht nach der fernen Geliebten noch der seelische Nachhall einer schönen Liebesnacht; dagegen das kühle, bilanzierende Statement, daß da nur Sex war ohne Freundschaft. Nicht einmal die flüchtige erotische Harmonie der gliederlösenden Liebe wird erinnert; Erotik kennt noch ein Du, Sexualität nur Objekte eigener Lusterfüllung. Dieses Gedicht gesteht offen das Verdinglichte der Sexualbeziehung ein, verneint jede Möglichkeit einer freundlichen Beziehung. Hier spricht nicht ein desillusioniertes Ich, das die Flüchtigkeit erotischer Harmonie durchschaut hat; der Liebesakt selbst ist gezeichnet von Entfremdung; nüchtern, emotionslos hält das Ich dieses Faktum seiner Partnerin vor Augen: einer Partnerin, die gesichts- und konturlos bleibt, nur sprachlich – grammatisch im Plural *wir* – anwesend ist.

In einem früheren Gedicht von 1925 – *Sonett* – versucht das Ich noch, die Züge der Geliebten zu erinnern, doch auch hier ist die Gestalt verblaßt, hat sich aufgelöst in vage, allgemeine Wahrnehmungsdetails: »Darum weiß ich nichts von ihr, als ganz von Nacht zerstört / Etwas von ihrem Knie, nicht viel von ihrem Hals / In schwarzem Haar Geruch von Badesalz / Und was ich vordem über sie gehört.« Liebe als konkrete personale Beziehung wird auch hier in Frage gestellt. Und das Gedicht *Die Liebenden* aus der 1928/29 entstandenen Oper *Aufstieg und Fall der Stadt Mahagonny* zeichnet zwar das schöne Bild der zwei Kraniche, die zu einer wiegenden Flugharmonie zusammenstimmen, reflektiert jedoch zugleich die Vergänglichkeit dieses glücklichen Zusammenschwingens:

»Paul: Und wann werden sie sich trennen?
Jenny: Bald.
Beide: So scheint die Liebe Liebenden ein Halt.« (*WA* 2, S. 536)

Die Utopie einer glücklichen Liebe, die Dauer will, flammt hier auf im kurzen, vorübereilenden Augenblick, der Dauer negiert. Doch fern der Gesellschaft, im menschenleeren weiten Himmel, ereignet sich dieser Augenblick: Realitätsflucht, Illusion ermöglichen ihn! Das *Liebeslied aus einer schlechten Zeit* dagegen zitiert nicht einmal die schöne Illusion, scheint das fast zynische Bekenntnis eines narzißtischen, aufgeklärten Don Juans zu sein, dem jedes Du zum anonymen Objekt eigener Triebbefriedigung wird.

Oder – denkt man sich die Zeilen von einer Frau gesprochen (Brecht schrieb ja verschiedentlich Rollengedichte) – es bleibt das nüchtern sachliche Resumee über eine von Anfang an versachlichte Beziehung. Jedoch auch dem Partner (der Partnerin) spricht dieses Ich eine freundschaftliche Empfindung ab. Drückt sich hier nur ein Verdrängungsmechanismus aus, der seinen eigenen Egoismus rechtfertigen will? Oder spricht hier der enttäuschte Idealist, der von einem metaphysischen Höhenflug sublimierter Liebe abgestürzt ist? Aufhorchen läßt der Titel *Liebeslied aus einer schlechten Zeit:* Die Rede von der schlechten Zeit ist nicht einfach Floskel, billige Entschuldigung für Amoralität und Egoismus. In *Me-ti. Buch der Wendungen* heißt es über »den Egoismus«:

»Wenn man sagt: der Egoismus ist schlecht, so denkt man an einen Zustand des Staates, in dem er sich schlecht auswirkt. Ich nenne einen solchen Zustand des Staates schlecht. [. . .] Wenn man keinen Egoismus haben will, dann muß man nicht gegen ihn reden, sondern einen Zustand schaffen, wo er unnötig ist.« (*WA* 12, S. 469 f.)

Nicht der individuelle Egoismus ist hier anzuklagen, der zur Freundschaft unfähig macht, sondern die schlechten Zeiten, die Liebe zu sexuellem Warentausch pervertieren.

Das Gedicht stammt aus der Svendborger Zeit, entstanden zwischen 1938 und 1941; in seinem Umkreis finden sich Gedichte mit analogen Titeln wie *Schlechte Zeit für die Jugend, Schlechte Zeit für Lyrik* sowie das Gedicht *An die Nachgeborenen,* das gleichfalls die »finsteren Zeiten« anprangert, die Freundlichkeit nicht zulassen. »Ach, wir / Die wir den Boden bereiten wollten für Freundlichkeit / Konnten selber nicht freundlich sein« (*WA* 9, S. 725). Scharf sieht Brecht die revolutionäre Dialektik: auch der Kampf gegen den faschistischen Terror, gegen Unrecht und Unterdrückung verzerrt die Züge, auch der Widerstand gegen verdinglichte Beziehungen läßt das Individuum in seinen Wachstumsmöglichkeiten verkrüppeln. »Der Liebe pflegte ich achtlos / Und die Natur sah ich ohne Geduld« (*WA* 12, S. 724), d. h. innerhalb eines korrumpierten Staatsgebildes gibt es keinerlei individuellen Freiraum, in dem das Ich – frei von gesellschaftlichen Zwängen – die Utopie eines besseren Lebens verwirklichen könnte. Die Gesellschaftsform prägt auch dem Individuellsten ihren Stempel auf. Gerade das führt Brechts *Liebeslied aus einer schlechten Zeit* vor.

Hier drückt sich nicht – wie im *Baal* – ein Lebensgefühl zwischen Vitalismus und intellektueller Skepsis aus – gesellschaftskritische Einsicht begründet Ton und Aussage des Gedichts: eine karge, metaphernlose Sprache, einfache Aussagesätze scheinbar ohne artistisches Raffinement, eine ›prosaische‹ Satzlogik ohne poetische Vieldeutigkeiten; das ist kein melodisch einschmeichelndes Liebeslied mit singendem Rhythmus, wie der Titel zunächst erwarten ließe, eher sachliche Bestandsaufnahme; und das Fazit ist so ernüchternd wie der sachliche Ton. Gleichwohl: aus der Destruktion alter lyrischer, esoterischer Bildsprache entsteht ein neuer poetischer Ton, ein Raffinement der Einfachkeit, der verknappenden Logik, die holzschnittartig das Widersprüchliche heraustreibt. Kontrast / Gegensatz – das dynamische Prinzip des Gedichts! Es ist nicht nur »schlechte Zeit für die Liebe«, auch »schlechte Zeit für Lyrik«, d. h. die finsteren Zeiten nationalsozialistischer Gewaltherrschaft verändern auch das ästhetische Bewußtsein des politisch Sensibilisierten. Gegenüber der *Hauspostille* – so Brecht –

»bedeuten die späteren *SVENDBORGER GEDICHTE* ebensogut einen abstieg wie einen aufstieg. vom bürgerlichen standpunkt aus ist eine erstaunliche verarmung eingetreten, ist nicht alles auch einseitiger, weniger ›organisch‹, kühler, ›bewußter‹ (in dem verpönten sinn)? meine mitkämpfer werden das, hoffe ich, nicht einfach gelten lassen. [...] der kapitalismus hat uns zum kampf gezwungen. er hat unsere umgebung verwüstet. ich gehe nicht mehr ›im walde vor mich hin‹, sondern unter polizisten. da ist noch fülle, die fülle der kämpfe. da ist differenziertheit, die der probleme. es ist keine frage: die literatur blüht nicht, aber man sollte sich hüten, in alten bildern zu denken.« (*AJ* l, S. 28)

Das *Mehr* an politischer Einsicht bedeutet ein *Weniger* an poetisch harmonischer ›Schönheit‹; Nüchternheit, Reflexion dominieren vor Erfindungsreichtum, Gefühl. Stimmung – diese ätherische Substanz der bürgerlichen Liebeslieder – ist suspekt geworden, und mit ihr auch die Liebe – das große lyrische Thema neben Natur und Tod.

Doch Brechts *Liebeslied* diffamiert nicht schlechthin die Liebe im Sinne einer seelisch-personalen Beziehung, proklamiert nicht freie Sexualität, Promiskuität als progressive Haltung (diesem Mißverständnis erlagen erst die bürgerlichen Linken der späten sechziger Jahre!), es denunziert indirekt die idealistische Verbrämung der tatsächlich verdinglichten Beziehungen. Klarer, schärfer als der bürgerliche Aufklärer Kant kann man das de facto verdinglichte Vertragsverhältnis des scheinbar individuellen Liebesverhältnisses kaum formulieren:

»Denn der natürliche Gebrauch, den ein Geschlecht von den Geschlechtsorganen des anderen macht, ist ein *Genuß*, zu dem sich ein Teil dem anderen hingibt. In diesem Akt macht sich ein Mensch selbst zur Sache, welches dem Rechte der Menschheit an seiner eigenen Person widerstreitet. Nur unter einer einzigen Bedingung ist dieses möglich, daß, indem die eine Person von der anderen *gleich als Sache* erworben wird, diese gegenseitig wiederum jene erwerbe; denn so gewinnt sie wiederum sich selbst und stellt ihre

Persönlichkeit wieder her.« (I. Kant: *Metaphysik der Sitten*, in: *SA* 8, hrsg. W. Weischedel, Frankfurt/M. 1977, S. 390 f.)

Das freie bürgerliche Individuum letztlich ein geschäftsfähiger Vertragspartner innerhalb einer arbeitsteiligen Warentauschgesellschaft; die bürgerliche Liebe – als Seelengemeinschaft ausgegeben – ein sexueller Warentausch, bei dem der eine den anderen als Sache nimmt, als Genußobjekt, und sich gleichermaßen als Objekt der Lustbefriedigung einbringt. Liebe – einerseits ein abstraktes Vertragsverhältnis zur konkreten Genußbefriedigung, andererseits sublime, vergeistigte Seelengemeinschaft, die das Individuum entsinnlicht zur körperlosen Idealität; einerseits Verdinglichung der Person, andererseits abstrakte Idealisierung. Brechts *Liebeslied* setzt diese ideologiekritische Erkenntnis voraus. Hier liegen für mich das Widerständige und der Reiz des Gedichts.

Sparsamste Andeutungen nur, der Hinweis auf die schlechten Zeiten, die apodiktische Aussage, man könnte sich um ein paar Fische schlagen – weiter nichts. Doch dieses anschauliche Detail rückt gerade das bürgerliche Konkurrenzdenken in den Blick, das ›wölfische‹ Gerangel um die besseren Existenzchancen, den partnerfeindlichen Egoismus, der unfähig macht zur sozialen Kommunikation, zur Liebe, die auf Egoismus verzichten kann, da schon der Partner für sich und für den anderen zugleich denkt. Aber das ist in schlechten Zeiten eine selbstmörderische Haltung, folgenlose Güte, die zwar Märtyrer hervorbringt, aber an den Verhältnissen nichts ändert. Brechts *Liebeslied* verweigert falsche Idealität, setzt das verdinglichte Sexualverhältnis in einen scharfen Kontrast zu einer freundschaftlichen Beziehung. Doch es bleibt nicht bei diesem Statement von Verdinglichung und Entfremdung. Die Utopie von Freundlichkeit und die Klage über schlechte Zeiten sind dialektisch aufeinander bezogen. Ausgespart bleibt der richtige Schluß, gefordert ist der denkende Leser, der der suggestiven Dialektik folgt. Zum Wegweiser wird der Titel: Die entfremdete Beziehung ist schlecht, doch schlechter sind die Zeiten, die nur entfremdete Beziehungen produzieren; unsozial ist der Egoismus, doch erst recht unsozial ein Staatswesen, das Egoismus nötig macht. Zu leicht machte man es sich, sähe man in Brechts Anklage nur den nationalsozialistischen Faschismus angeprangert. Das wäre falsche, verengende Historisierung, die immunisierte gegen das noch Aktuelle des Gedichts. Die ›finsteren Zeiten‹ der nationalsozialistischen Herrschaft sind vorbei, doch die Zeiten für Liebe sind so schlecht wie zuvor: auch in der modernen Konsum- und Konkurrenzgesellschaft bleiben freundliche Beziehungen, eine freundlichere Welt noch Utopie.

1940

I

Das Frühjahr kommt. Die linden Winde
Befreien die Schären vom Wintereis.
Die Völker des Nordens erwarten zitternd
Die Schlachtflotten des Anstreichers.

II

Aus den Bücherhallen
Treten die Schlächter.

Die Kinder an sich drückend
Stehen die Mütter und durchforschen entgeistert
Den Himmel nach den Erfindungen der Gelehrten.

III

Die Konstrukteure hocken
Gekrümmt in den Zeichensälen:
Eine falsche Ziffer, und die Städte des Feindes
Bleiben unzerstört.

IV

Nebel verhüllt
Die Straße
Die Pappeln
Die Gehöfte und
Die Artillerie.

V

Ich befinde mich auf dem Inselchen Lidingö.
Aber neulich nachts
Träumte ich schwer und träumte, ich war in einer Stadt
Und entdeckte, die Beschriftungen der Straßen

Waren deutsch. In Schweiß gebadet
Erwachte ich, und mit Erleichterung
Sah ich die nachtschwarze Föhre vor dem Fenster und wußte:
Ich war in der Fremde.

VI

Mein junger Sohn fragt mich: Soll ich Mathematik lernen?
Wozu, möchte ich sagen. Daß zwei Stück Brot mehr ist als eines
Das wirst du auch so merken.
Mein junger Sohn fragt mich: Soll ich Französisch lernen?
Wozu, möchte ich sagen. Dieses Reich geht unter. Und
Reibe du nur mit der Hand den Bauch und stöhne
Und man wird dich schon verstehen.
Mein junger Sohn fragt mich: Soll ich Geschichte lernen?
Wozu, möchte ich sagen. Lerne du deinen Kopf in die Erde stecken
Da wirst du vielleicht übrigbleiben.

Ja, lerne Mathematik, sage ich
Lerne Französisch, lerne Geschichte!

VII

Vor der weißgetünchten Wand
Steht der schwarze Soldatenkoffer mit den Manuskripten.
Darauf liegt das Rauchzeug mit den kupfernen Aschbechern.
Die chinesische Leinwand, zeigend den Zweifler
Hängt darüber. Auch die Masken sind da. Und neben der Bettstelle
Steht der kleine sechslampige Lautsprecher.
In der Früh
Drehe ich den Schalter um und höre
Die Siegesmeldungen meiner Feinde.

VIII

Auf der Flucht vor meinen Landsleuten
Bin ich nun nach Finnland gelangt. Freunde
Die ich gestern nicht kannte, stellten ein paar Betten
In saubere Zimmer. Im Lautsprecher
Höre ich die Siegesmeldungen des Abschaums. Neugierig
Betrachte ich die Karte des Erdteils. Hoch oben in
  Lappland
Nach dem Nördlichen Eismeer zu
Sehe ich noch eine kleine Tür.

Dieter Wellershoff
Widerstand gegen Regression in Zeiten des Unheils

Unter den Gedichten, die Brecht im Exil geschrieben hat, befindet sich eines, das den lakonischen Titel *1940* trägt. Diese Zahl bezeichnet das Jahr der größten Triumphe Hitlers. Nachdem Polen im September 1939 überfallen und niedergeworfen wurde, folgten 1940 die Besetzung Dänemarks und Norwegens, dann der Sieg über Frankreich und das englische Expeditionskorps mit gleichzeitiger Unterwerfung und Besetzung von Belgien, Holland und Luxemburg. Brecht befand sich auf der Flucht vor den deutschen Truppen. Er war Ostern 1939 aus dem dänischen Exil nach Schweden gegangen, lebte dort eine Zeitlang auf der kleinen Insel Lidingö bei Stockholm und floh im April 1940, als die Deutschen in Dänemark und Norwegen einfielen, überstürzt nach Finnland.

In acht verschieden langen Abschnitten skizziert das Gedicht diese Vorgänge. Zunächst zeigt es die kollektiven Ängste, das Warten der »Völker des Nordens« auf den deutschen Angriff, dann spricht der Flüchtling von sich selbst. In einem Alptraum glaubt er wieder in Deutschland zu sein und erkennt im Erwachen »mit Erleichterung«, daß er »in der Fremde« ist. Man sieht ihn in seinem Fluchtquartier, umgeben von Fluchtgepäck, er hört im Radio die Siegesmeldungen der

Feinde und sucht auf der Landkarte einen letzten Fluchtweg.

Sehr schnell und entschieden zieht sich das Gedicht auf die persönliche Perspektive zusammen, die die eigene Erfahrung zum anschaulichen und sensiblen Mittelpunkt des Geschehens macht. Die politische und militärische Gesamtlage ist nur angedeutet. Der Feind bleibt unsichtbar, man spürt nur seine drohende Gegenwart, sein dauerndes Näherrücken. Überblickbar ist nur noch das Nächste: eine schwarze Föhre vor dem Fenster, die weißgetünchte Wand des Zimmers, das Fluchtgepäck, der Lautsprecher, aus dem die schlimmen Nachrichten kommen, und auf der Landkarte oben in Lappland der letzte noch offene Fluchtweg, »eine kleine Tür«. So erscheint der Flüchtling als eine gewaltsam privatisierte, isolierte Existenz, die ohnmächtig in ihrem Schlupfwinkel das kollektive Geschehen des Krieges verfolgt, in dem es um das Schicksal von vielen Millionen Menschen, aber auch um sein Leben geht.

Das Gedicht hat eine Erzählebene, in der skizzenhaft das äußere Geschehen erscheint. Seine innere Erfahrung, sein Problem ist dieses Abgeschnittensein, die Isoliertheit und Ohnmacht des Einzelnen innerhalb der kollektiven Prozesse, deren Opfer er ist und gegen die er nichts vermag, so daß das ganze Leben auf den Kampf ums Überleben zusammenschrumpft.

Thematisiert wird diese Erfahrung vor allem im sechsten Abschnitt des Gedichtes, nicht dem letzten, in dem Brechts »junger Sohn« (sein Sohn Stefan, damals 16 Jahre alt) drei Fragen an den Vater richtet: »Soll ich Mathematik lernen?«, »Soll ich Französisch lernen?«, »Soll ich Geschichte lernen?« und Brecht, tief deprimiert, ihm antworten möchte: Wozu? Das hat alles keinen Sinn mehr, Bildung und Wissen werden nicht mehr gebraucht.

Mit welcher Absicht, welchem Unterton der Sohn den Vater gefragt hat, wird nicht deutlich. War er selbst unsicher oder wollte er die Unsicherheit des Vaters aufdecken? Jedenfalls rufen seine Fragen eine außerordentlich heftige Reaktion hervor. Sie findet zwar nur innen statt, sie dringt nicht nach außen, aber hinter dieser letzten Kontrolle wuchert die destruktive Phantasie. Der Vater möchte dem Sohn sagen: Gib alles auf, duck dich, vegetiere dahin.

Auffallend ist die Maßlosigkeit seiner Einfälle. Als der Sohn fragt, ob er Französisch lernen solle, möchte ihm Brecht, jetzt, da Frankreich besiegt ist, am liebsten empfehlen, sich auf die stumme Zeichensprache und den Ausdruck der primitivsten Bedürfnisse zu beschränken. Es ist ein Ausbruch von Haß, von Selbsthaß und Verzweiflung, der den Sohn mitreißen möchte in wütender Regression. In Gedanken gibt dieser Vater seine eigene Identität auf, an der der Sohn sich noch orientieren möchte, und es ist offensichtlich, daß in dieser Selbstzerstörung für ihn eine große Verführung steckt.

Abwärts geht es rascher und reißender als aufwärts, der Weg in die Barbarei ist kurz. Wenn die Gewalt triumphiert und ringsum alles in die Brüche geht, kann der Rückzug auf anspruchslose, primitive Formen des Lebens als einzige Rettung erscheinen. Die komplexeren Orientierungen wirken dann auf einmal realitätsfremd und sind dem Zweifel und dem Spott ausgesetzt, wie jener Astronom in der äsopischen Fabel, der beim Betrachten des Sternenhimmels in einen Brunnen fällt und von einer thrakischen Magd verlacht wird, weil ihm seine Wissenschaft so wenig hilft, sich auf der Erde zurechtzufinden.

Auch Brecht nimmt in Gedanken den Standpunkt der thrakischen Magd ein, denn er möchte seinem Sohn raten, alle Bemühungen um Wissen und Einsicht aufzugeben und sich auf einen theorielosen, praktischen Realismus zu verlassen. Dieser Rat hat einen materialistischen Kern. Er ist ein Echo des Satzes aus der *Dreigroschenoper*, der dort verlogenen idealistischen Ansprüchen entgegentrat und auf dem Vorrang der vitalen Bedürfnisse beharrte. »Erst kommt das Fressen, dann die Moral«, hieß es dort, und jetzt soll es heißen, es genügt, wenn du stöhnst und dir den Bauch reibst, anderes und Wichtigeres wird es für dich nicht mehr zu sagen geben.

Doch natürlich war schon der Satz aus der *Dreigroschenoper* nur eine halbe Wahrheit. Er entspricht einem perspektivlosen Vulgärmaterialismus, der über die momentanen Bedürfnisse nicht hinaussehen kann. Nicht nur die Nähe, auch die Ferne gehört zur Realität, nicht nur das Faktische, das Gegebene, auch das Werdende, das Mögliche. Realistischer, wirklichkeitsmächtiger wäre also eine Orientierung, in der auch die Zukunft als Chance der Veränderung mitgedacht wird. Was jetzt noch gilt und herrscht, kann morgen schon zu Ende sein, und so ist es richtig, Fähigkeiten, Kenntnisse und Ideen für die Zukunft zu entwickeln. Und selbstverständlich gehört zu einer solchen Orientierung auch Moral, das heißt die Fähigkeit, kontrafaktisch, gegen die schlechte Wirklichkeit und notfalls auch gegen die eigenen Bedürfnisse eine Einsicht durchzuhalten und sich nicht der scheinbaren Übermacht der Verhältnisse zu beugen.

Doch es gibt Zeiten, in denen ein solcher Anspruch wie purer Idealismus klingt. Die Leute, die ihren Blick weiter in die Ferne richten, sehen dann leicht wie Phantasten und Träumer aus und sind in Gefahr, unter dem Gelächter der angepaßten Praktiker in die Gruben zu stürzen. Auch Brecht fühlt sich in diesem Augenblick versucht, alle weiterreichenden Perspektiven zu löschen und sich auf das Niveau eines barbarischen Materialismus zurückzuziehen.

Doch die monströse Übertriebenheit der Regressionswünsche spricht schon gegen sie. So kann er es nicht sagen und auch nicht meinen. Deshalb ist das Denken der möglichen Selbstaufgabe auch schon die Kur, in der die negativen Tendenzen überwunden werden. Brecht gibt seinem Sohn eine ermutigende Antwort:

»Ja, lerne Mathematik, sage ich
lerne Französisch, lerne Geschichte!«

Er sagt es freilich völlig unvermittelt, ohne jede Begründung. Der in der inneren Krise vollzogene Denkprozeß, der zur Wiederherstellung der gefährdeten eigenen Identität und zu neuer Hoffnung führt, wird nicht formuliert. An seiner Stelle hat das Gedicht nur eine Leerzeile, und sie, die wichtigste Zeile des Gedichtes, muß vom Leser selbst ausgefüllt werden mit der Nachkonstruktion aller Gründe, die dafür sprechen, in finsteren Zeiten nicht der Verzweiflung zu verfallen.

Es scheint mir wichtig zu sein, daß der gute Rat an den Sohn nicht den Schluß des Gedichtes bildet. Denn das hätte ihm ein schwungvolles idealistisches Pathos gegeben, das leicht über die Realität zu triumphieren scheint. Doch das ist nicht die Erfahrung, die Brecht mitteilen möchte. Er spricht vielmehr vom Widerstand gegen Hoffnungslosigkeit in fast hoffnungslosen Zeiten. Die weiteren Abschnitte des Gedichtes zeigen das. Die Lage des Flüchtlings hat sich noch verschlechtert, täglich hört er im Lautsprecher die Siegesmeldungen der Feinde, er hat keinen Anlaß zu hochgemuten Zukunftsaussichten. Nur hoch im Norden sieht er »noch eine kleine Tür«.

Das ist der Schluß des Gedichts *1940*. Die tatsächliche Dimension der Hoffnung ist geschrumpft, doch in einem gegenläufigen inneren Prozeß hat sie sich gegen die Verzweiflung behauptet, so daß die Zukunft immer noch offen ist.

Überblickt man noch einmal das ganze Gedicht *1940*, so finden sich überall Bilder, in denen sich die zwiespältige Rolle des Geistes in der Geschichte zeigt. »Aus den Bücherhallen treten die Schlächter« heißt es im zweiten Textabschnitt, und dort stehen auch die Mütter und »durchforschen entgeistert den Himmel nach den Erfindungen der Gelehrten«. Technische Erfindungen bedrohen das Leben der Menschen. Aber im nächsten Textabschnitt, der die Konstrukteure der eigenen Seite zeigt, wird die Perspektive umgedreht. »Eine falsche Ziffer, und die Städte des Feindes bleiben unzerstört.«

Kann man sich in diesen Widersprüchen zurechtfinden? Sind die Fragen des Sohnes, ob es Sinn hat zu studieren, da nicht verständlich, und auch die erste Reaktion des Vaters, der sagen will »nein«? Es gibt auch noch einen anderen Widerspruch. Die Manuskripte des Schriftstellers liegen in einem Soldatenkoffer, sie sind dadurch in eine Beziehung zum Kampf gesetzt. Aber an den Wänden hängen Masken und ein chinesisches Bild, das einen Zweifler zeigt, und das ist ein anderer Aspekt der Lage und deutet eine andere mögliche Antwort an: statt kämpferischer Teilnahme kritische Distanz. Das Gedicht ist also ein Feld problematisierter Bedeutungen. Sie zeugen von Unsicherheit in einer schwierigen, vieldeutigen Situation. In ihr wird das auf bessere Zukunft setzende »Ja« gesprochen, mit dem die Antwort an den Sohn beginnt, und erst die wahrgenommenen Widersprüche geben der Antwort ihr Gewicht.

I

Wirklich, ich lebe in finsteren Zeiten!
Das arglose Wort ist töricht. Eine glatte Stirn
Deutet auf Unempfindlichkeit hin. Der Lachende
Hat die furchtbare Nachricht
Nur noch nicht empfangen.

Was sind das für Zeiten, wo
Ein Gespräch über Bäume fast ein Verbrechen ist
Weil es ein Schweigen über so viele Untaten einschließt!
Der dort ruhig über die Straße geht
Ist wohl nicht mehr erreichbar für seine Freunde
Die in Not sind?

Es ist wahr: ich verdiene noch meinen Unterhalt
Aber glaubt mir: das ist nur ein Zufall. Nichts
Von dem, was ich tue, berechtigt mich dazu, mich sattzu-
  essen.
Zufällig bin ich verschont. (Wenn mein Glück aussetzt, bin
  ich verloren.

Man sagt mir: Iß und trink du! Sei froh, daß du hast!
Aber wie kann ich essen und trinken, wenn
Ich dem Hungernden entreiße, was ich esse, und
Mein Glas Wasser einem Verdurstenden fehlt?
Und doch esse und trinke ich.

Ich wäre gerne auch weise.
In den alten Büchern steht, was weise ist:
Sich aus dem Streit der Welt halten und die kurze Zeit
Ohne Furcht verbringen
Auch ohne Gewalt auskommen
Böses mit Gutem vergelten
Seine Wünsche nicht erfüllen, sondern vergessen
Gilt für weise.
Alles das kann ich nicht:
Wirklich, ich lebe in finsteren Zeiten!

II

In die Städte kam ich zur Zeit der Unordnung
Als da Hunger herrschte.
Unter die Menschen kam ich zu der Zeit des Aufruhrs
Und ich empörte mich mit ihnen.
So verging meine Zeit
Die auf Erden mir gegeben war.

Mein Essen aß ich zwischen den Schlachten
Schlafen legte ich mich unter die Mörder
Der Liebe pflegte ich achtlos
Und die Natur sah ich ohne Geduld.
So verging meine Zeit
Die auf Erden mir gegeben war.

Die Straßen führten in den Sumpf zu meiner Zeit.
Die Sprache verriet mich dem Schlächter.
Ich vermochte nur wenig. Aber die Herrschenden
Saßen ohne mich sicherer, das hoffte ich.
So verging meine Zeit
Die auf Erden mir gegeben war.

Die Kräfte waren gering. Das Ziel
Lag in großer Ferne
Es war deutlich sichtbar, wenn auch für mich
Kaum zu erreichen.
So verging meine Zeit
Die auf Erden mir gegeben war.

III

Ihr, die ihr auftauchen werdet aus der Flut
In der wir untergegangen sind
Gedenkt
Wenn ihr von unseren Schwächen sprecht
Auch der finsteren Zeit
Der ihr entronnen seid.
Gingen wir doch, öfter als die Schuhe die Länder wechselnd
Durch die Kriege der Klassen, verzweifelt
Wenn da nur Unrecht war und keine Empörung.

Dabei wissen wir doch:
Auch der Haß gegen die Niedrigkeit
Verzerrt die Züge.
Auch der Zorn über das Unrecht
Macht die Stimme heiser. Ach, wir
Die wir den Boden bereiten wollten für Freundlichkeit
Konnten selber nicht freundlich sein.

Ihr aber, wenn es so weit sein wird
Daß der Mensch dem Menschen ein Helfer ist
Gedenkt unsrer
Mit Nachsicht.

Erich Fried

An die Nachgeborenen, im Exil entstanden, als das »Dritte Reich« sichtbar auf den Zweiten Weltkrieg hinsteuerte, ist ein Zeitgedicht. Seine ersten Worte sind: »Wirklich, ich lebe in finsteren Zeiten!« Aber in keinem der drei Teile des Gedichtes kommt auch nur ein einziger tagespolitischer Ausdruck oder Name vor. Brecht bedient sich der Tradition der durch Tyrannei entstandenen »Sklavensprache«, die sich gezwungen sah, Aktuelles eher anzudeuten als beim Namen zu nennen, und greift gelegentlich auf von der Bibel beeinflußte Sprache und Sprechweise zurück. Natürlich spricht er nicht wirklich die Sklavensprache der Unterdrückten, er schreibt ja im Exil, wo sie nicht nötig ist, doch er versucht den Unterdrückten auch sprachlich nahe zu bleiben, zugleich aber auch jede bloß vordergründige Aktualität zu vermeiden und zu transzendieren. Er gibt nicht politische Tagesnachrichten wieder, sondern beschreibt menschliche – und unmenschliche – Verhaltensmuster, die sich aus den Zuständen ergeben. Die Zustände, an die er anknüpft, werden durchweg als bekannt vorausgesetzt. Wenn Brecht schreibt »Der Lachende/ Hat die furchtbare Nachricht/ Nur noch nicht empfangen«, so ist damit zwar keine einzelne Nachricht, etwa von einem Konzentrationslager oder von Kriegsvorbereitungen, gemeint, wohl aber die

Nachricht, wie diese Zeit beschaffen ist, wie die Herrschenden zu Schlächtern geworden sind und worauf es hinausläuft.

Einzelheiten dieses Gedichtes sind gelegentlich mißverstanden worden, etwa die Worte »Was sind das für Zeiten, wo/ Ein Gespräch über Bäume fast ein Verbrechen ist/ Weil es ein Schweigen über so viele Untaten einschließt!« Dies ist kein Aufruf zur Abwendung von der Natur zugunsten der Politik. Brecht betont die Wichtigkeit des Nichtverschweigens der Untaten, aber die Störung des Verhältnisses zur Natur betrachtet er als *Fluch* der finsteren Zeiten. Deshalb schreibt er im zweiten Teil des Gedichts »Der Liebe pflegte ich achtlos/ Und die Natur sah ich ohne Geduld.« Das sind für ihn Beispiele dafür, wie einem die Lebenszeit geraubt wird. Daß er gerade das Gespräch über Bäume als »fast ein Verbrechen« zitiert, wird weniger mißverständlich, wenn man bedenkt, wie gerne er über Bäume gesprochen und geschrieben hat, von der *Hauspostille* bis zuletzt zu den *Buckower Elegien.*

Eine andere manchmal mißverstandene Stelle lautet: »Nichts/ Von dem, was ich tue, berechtigt mich dazu, mich satt zu essen.« Wer wie Brecht als Flüchtling im Exil war, der weiß, daß hier nicht schlechtes Gewissen gepredigt, sondern die Bedrücktheit über zur Fristung des Lebens vielleicht unvermeidliche Tätigkeiten, denen freilich die rechte Funktion fehlt, ausgedrückt werden soll.

Durch Verlust der gewohnten Funktionen und des gewohnten Kulturmilieus bewirkte das Exil bei vielen Flüchtlingen auch ein teilweises Zurückfallen auf kindlich-kindische Problemstellungen, etwa das, was die Psychoanalyse »infantile Regression« nennt. Etwas davon deutet Brecht an, wenn er darüber nachdenkt, daß er ißt und trinkt, obwohl sein Essen dem Hungernden entrissen ist und »Mein Glas Wasser einem Verdurstenden fehlt«. Das erinnert an die fast allen Altersgenossen Brechts aus der Kinderzeit vertraute Mahnung, aufzuessen und auszutrinken, denn es gebe so viele Hungrige und Durstige, die nur zu froh wären, das zu haben, was hier verschmäht werde. Brecht weiß natürlich, daß sein Glas Wasser, wenn er es nicht getrunken hätte, keinem Verdurstenden geholfen hätte. Er greift hier nur auf die durch die relative Funktionslosigkeit und Nutzlosigkeit, deren man sich im Exil bewußt wird, wieder aktuell gewordene Mahnung aus der

Kinderzeit zurück, die trotz ihrer wirklichkeitsverzerrenden Vereinfachung oder gerade durch sie einen Wahrheitskern als Stoff zum Nachdenken enthält. Das Ende des ersten Teils ist Brechts Ablehnung der Bescheidenheits- und Genügsamkeitsweisheiten, die er gerade für Geschlagene und derzeit fast Ohnmächtige als Gefahr empfindet.

Der zweite Teil des Gedichtes, durch stärker an die Bibel angelehnte, fast psalmenhafte Diktion gekennzeichnet und auch formal viel einheitlicher als der erste Teil, faßt seine Aussagen knapper zusammen als dieser; auch sind es meist Aussagen allgemeinerer Art. Sie knüpfen sich aber immer noch, wie im ersten Teil, an die erste Person Einzahl. Erst im dritten Teil wird vom Ich auf das Wir übergegangen.

Trotz Kürze der Aussagen und Vermeidungen tagespolitischer Einzelheiten und Ausdrücke sind die Feststellungen in diesem Teil des Gedichtes überaus präzise. Ein Satz wie »Unter die Menschen kam ich zur Zeit des Aufruhrs/ Und ich empörte mich mit ihnen« gibt genau die Geschichte von Brechts eigener Entwicklung wieder. So aktuell das ganze Gedicht dank der Finsternis auch unserer Zeiten leider geblieben ist, so könnte doch etwa ein von Brecht beeinflußter deutscher Dichter der fünfziger Jahre nicht von sich sagen, er sei zur Zeit des Aufruhrs unter die Menschen gekommen und habe sich mit ihnen empört. Wo sich solche Haltungen bei Menschen unserer Zeit, denen Brecht etwas bedeutete, fanden, etwa bei Ulrike Meinhof, da handelt es sich um einen verhängnisvollen romantisierenden Realitätsverlust.

Der dritte, nicht zufällig berühmteste Teil des Gedichtes, einer der Höhepunkte deutscher Lyrik des 20. Jahrhunderts, ist nicht minder einheitlich als der zweite Teil und von noch einfacherer Diktion. Die einzige Aussage darin, die den Nachgeborenen vielleicht nicht sofort verständlich ist, bezieht sich auf die Unsicherheit des Exils zur Zeit, als der Hitlerfaschismus sein Herrschaftsgebiet ausdehnte. »Gingen wir doch, öfter als die Schuhe die Länder wechselnd/ Durch die Kriege der Klassen ...« Oft konnte man in einem Exilland nicht bleiben, weil Hitlers Einmarsch drohte oder weil das Land aus Furcht vor dem »Dritten Reich« möglichst viele Flüchtlinge wieder loszuwerden suchte.

Die nächsten Worte Brechts: »... verzweifelt/ Wenn da nur

Unrecht war und keine Empörung« beziehen sich auf die Zeit, in der der Vormarsch des Hitlerfaschismus (und vielleicht auch die ›Säuberungsaktionen‹ des Stalinismus) eine Art Lähmung unter Antifaschisten und mit ihnen sympathisierenden Arbeitern und Intellektuellen verbreiteten.

Die vorletzte Strophe des dritten Teils bedeutet in der Diktion Brechts wahrscheinlich nicht nur wörtlich die Verzerrung der Gesichtszüge und das Heiserwerden der Stimme, sondern auch die Entstellung von Wesenszügen und Sprache und die Erklärung dieser Erscheinungen, die durch diese Erklärung keineswegs ganz entschuldigt, sondern nur der Nachsicht der Nachgeborenen empfohlen werden sollen.

Abschließen möchte ich diese Betrachtungen mit einigen Versen, die ich fast vier Jahrzehnte nach dem Entstehen von Brechts *An die Nachgeborenen* geschrieben habe und die vielleicht deutlicher als Prosakommentare zeigen können, wie nahe mir und vielen, denen ich Brechts Gedicht vorgelesen habe, diese Dichtung heute noch ist:

NOCH VOR DER ZEIT

Ich lese den Nachgeborenen
das Gedicht Bertolt Brechts
AN DIE NACHGEBORENEN vor
aus der Zeit vor dem Zweiten Weltkrieg

Schon den ersten Teil
der anfängt und aufhört mit den Worten
»Wirklich, ich lebe in finsteren Zeiten!«
muß ich den Nachgeborenen nicht erklären

Sie nicken voll Verständnis bei jeder Einzelheit
mit der der Dichter die Finsternis seiner Zeiten
beschrieben hat. Sie finden sein Gedicht
ihrer eigenen Zeit auf den Leib geschrieben

Diese unmittelbare Verständlichkeit
hätte den Dichter, obwohl er sonst immer bestrebt war,
verstanden zu werden,
eher traurig macht.

I

Das Dorf Hollywood ist entworfen nach den Vorstellungen
Die man hierorts vom Himmel hat. Hierorts
Hat man ausgerechnet, daß Gott
Himmel und Hölle benötigend, nicht zwei
Etablissements zu entwerfen brauchte, sondern
Nur ein einziges, nämlich den Himmel. Dieser
Dient für die Unbemittelten, Erfolglosen
Als Hölle.

II

Am Meer stehen die Öltürme. In den Schluchten
Bleichen die Gebeine der Goldwäscher. Ihre Söhne
Haben die Traumfabriken von Hollywood gebaut.
Die vier Städte
Sind erfüllt von dem Ölgeruch
Der Filme.

III

Die Stadt ist nach den Engeln genannt
Und man begegnet allenthalben Engeln.
Sie riechen nach Öl und tragen goldene Pessare
Und mit blauen Ringen um die Augen
Füttern sie allmorgendlich die Schreiber in ihren
Schwimmpfühlen.

IV

Unter den grünen Pfefferbäumen
Gehen die Musiker auf den Strich, zwei und zwei
Mit den Schreibern. Bach
Hat ein Strichquartett im Täschchen. Dante schwenkt
Den dürren Hintern.

V

Die Engel von Los Angeles
Sind müde vom Lächeln. Am Abend
Kaufen sie hinter den Obstmärkten
Verzweifelt kleine Fläschchen
Mit Geschlechtsgeruch.

VI

Über den vier Städten kreisen die Jagdflieger
Der Verteidigung in großer Höhe
Damit der Gestank der Gier und des Elends
Nicht bis zu ihnen heraufdringt.

Jost Hermand

Nichts lag dem Emigranten Brecht ferner, als sich ohne triftigen Grund irgendwelchen wehmütigen Stimmungen hinzugeben. Zu schmollen, übelzunehmen, dem Verlorenen nachzutrauern: all das empfand er als ›bürgerlich‹. Er wollte nicht ständig in der eigenen Seele herumstochern, sich verhätscheln oder gar den Außenseiter spielen. Solche Empfindungen dünkten ihm, dem durchaus Gefühlvollen, als ›Gefühle minderer Art‹, da sie von einem primär ichbezogenen Verhältnis zur Welt ausgehen. Im Gegensatz zu vielen anderen Exilschriftstellern, die sich in ihrer hoffnungslosen Vereinzelung in elitäre Privatideologien oder zumindest Privatstimmungen zurückzogen, fühlte er sich stets mit jenen Kräften solidarisch, deren Ziel es war, nicht nur die materielle Basis allen menschlichen Zusammenlebens zu ändern, sondern auch die muffigen Hinterstübchen der bisherigen Gefühlskultur auszulüften. Das Wort ›elegisch‹ erschien ihm daher fast gleichbedeutend mit peinlich, ichverhaftet, defätistisch, bourgeois.

Denn die Elegie im Sinne von ›Klage‹ oder ›wehmütigem Lied‹ gehört nun einmal seit eh und je zum Formenschatz jener bürgerlichen Lyrik, die sich vorwiegend im Umkreis bedeckter Himmel, undurchdringlicher Nebel, trüber Regentage, nächtlicher Verlorenheit, melancholisch stimmender Friedhöfe bewegt. All das fehlt in Brechts Gedichten fast völlig. Nicht das Gefühl des Scheiterns, des Versagens, des Unerfüllten, des Unerwiderten – ob nun in Form der Seelenqual, des Weltschmerzes oder anderer ›unaufgeklärter‹ Gefühle – wird in ihnen ausgedrückt, sondern das des Klaren, Treffenden, Aktivierenden. Kurzum: jene bürgerliche Tonart des ›Elegischen‹, die seit Empfindsamkeit, Romantik und ihren feinsinnigen Nachfolgeerscheinungen bis Rilke und Celan weite Bereiche der deutschen Lyrik dominiert, kümmerte ihn wenig. Nicht Hemmung, Düsternis, Verlorensein interessierten ihn, sondern jene Momente, die dieser Haltung der dumpfen Hilflosigkeit eine Haltung des unablässigen Kritisierens, Bekämpfens, Überwindens entgegensetzen.

Wenn also Brecht nach zehn Jahren trotzig ertragenen Exils im Spätsommer 1942, im blumenreichen und wolkenlosen Hollywood, zum erstenmal in seinem Leben Gedichte verfaßt, denen er den Titel ›Elegien‹ gibt, so muß das wohl schwerwiegende Gründe gehabt haben. Und die waren für ihn allerdings gegeben. Nach Jahren in Skandinavien – nah an Deutschland, in Fischer- und Bauernhäusern wohnend und voller Vertrauen in den politischen Sinn seines Schaffens ein Drama nach dem anderen schreibend – mußte ihm Hollywood wie ein Ort absoluter Sinnlosigkeit erscheinen. Denn hier gab es nichts, woran Brecht unmittelbar anknüpfen konnte: keine Nähe zu Deutschland, keine europäisch gefärbte ›Kultur‹, keinen direkten Kampf gegen den Faschismus – also nichts, was ihn an seine Herkunft erinnerte, sondern nur Fremdes, Unverbindliches, Exotisches. Und das zu einem Zeitpunkt, als die Deutschen und die Japaner noch an allen Fronten eifrig siegten.

Dieser Ort bot darum wenig, was Brecht nicht anekelte: ob nun das lauwarme Klima, das »keine Jahreszeiten« kannte, die »nuttigen Kleinbürgervillen«, die ihm in ihrer »alles depravierenden Hübschheit« unerträglich vorkamen, oder der Lebensstil des »easy going«, der sich vor allem an den »Schwimmpfühlen« entfaltete. Und so erschien ihm dieses Los Angeles, dieses Hollywood, dieses Santa Monica wie ein »Tahiti in Großstadtform«, wie eine sinnlos bewässerte Wüste, wie eine Goldgräberstadt, in der nichts auf ›Bleibe‹ angelegt ist, sondern die man nur aufsucht, ›um Geld zu machen‹. »In den Kolonien lebt man nicht«, schrieb deshalb Brecht am 22. Oktober 1942 im Hinblick auf Hollywood in sein *Arbeitsjournal.* Hier ist alles »nur Entwicklung, aber nichts was sich entwikkelt«, erklärte er an anderer Stelle. All das empfand er als die üppigste Ausprägung jener »Großen Unordnung«, wie er den Kapitalismus gern nannte, die er bisher gesehen hatte. »Ich suche unwillkürlich an jeder Hügelkette oder jedem Zitronenbaum ein kleines Preisschild«, notierte er wenige Wochen später in sein *Arbeitsjournal.*

Doch was noch schlimmer war: selbst die Menschen wirkten hier so, als ob sie alle ein kleines Preisschild mit sich herumtrügen. Und jedermann schien das als die natürlichste Sache von der Welt zu empfinden. Nicht die Auflehnung, sondern der Opportunismus galt in diesem Lande als die »höchste Tugend«. Sogar manche von Brechts Exilgefährten wurden hier über Nacht zu »Börsenhumanisten«, wie Hanns Eisler diesen Typ charakterisierte, die nur noch mit »Wochenschecks im Maul« redeten. So fand etwa Elisabeth Bergner Brechts *Sezuan*-Stück »so langweilig wie großartig«. Kurt Weill strich in seinen Briefen stets die ›unleugbaren‹ Vorzüge der Broadway-Musicals heraus. Andere begannen sogar, die ›Traumfabrik‹ der Filmindustrie gutzuheißen. Als daher Brecht Oskar Homolka von seinem *Galilei* erzählte, kam er sich vor, als spreche er über »ein seltsam versunkenes Theater alter Zeiten in untergangenen Kontinenten«. Denn solche Dinge waren hier gar nicht gefragt. In *Mahagonny* ging es bloß um den »Verkauf von Abendunterhaltung« – und um nichts weiter.

Darum begab sich selbst Brecht notgedrungen auf jenen »Markt, wo Lügen gekauft werden« und reihte sich »hoffnungsvoll«, wie er sarkastisch bemerkt, »zwischen die Verkäufer« ein. Um in diesem ›Sumpf‹ nicht unterzugehen, entwarf schließlich auch er Dutzende von Drehbüchern für die großen Filmmagnaten oder Theaterstücke für den Broadway mit vielversprechenden Titeln wie *Bermuda Troubles* oder *The Chrouching Venus,* die jedoch alle abgelehnt wurden, da ihm eben doch das Zeug zu einem gewieften Skriptwriter abging. Und selbst die eine relativ ›gute‹ Story, die er schließlich ›landete‹, das Skript für den Film *Hangmen Also Die,* wurde von einem anderen Skriptwriter »für zwei Wochenschecks« wieder hollywoodisiert. Denn Originelles oder gar Engagiertes war in diesen Breiten nicht gefragt. Was man erwartete, waren die üblichen Klischees, die sich gut verkaufen ließen.

Was Brecht in dieser allgemeinen Misere trotz allem aufrechterhielt, war sein unerschütterlicher Glaube an den Sieg der Roten Armee, den er auch gegen jene verteidigte, die in der Sowjetunion nur einen Sündenfall des Marxismus sahen. Noch erbitterter war er selbstverständlich über jene Statthalter des Kapitalismus, die das faschistische »Gemetzel« in der Sowjetunion durchaus begrüßten, weil sie darin eine willkommene Schwächung des Kommunismus sahen. Denn im Gegensatz zu solchen ›Humanisten‹ hielt es Brecht in diesem Krieg nicht mit den britischen Tories oder den nordamerikanischen Großdemokraten, die lediglich ihre Weltmarktinteressen im Auge hatten, sondern mit jenen, die dem Imperialismus das Konzept einer neuen, vom Sozialismus geprägten Menschheitskultur entgegensetzten. Er schrieb daher am 5. April 1942 in sein *Arbeitsjournal:* »Die Schlacht um Smolensk geht auch um die Lyrik.«

Und dieser Satz war für Brecht keine leere Phrase. Denn das Gedichteschreiben erschien ihm in Hollywood, im Zentrum der höchstentwickelten Kulturindustrie des Kapitalismus, tatsächlich als etwas Sinnloses oder zumindest »Schrulliges, Kauzhaftes, Borniertes«. Er stellte daher in dieser Zeit seine Lyrikproduktion fast völlig ein. Daß er dann im Spätsommer 1942, auf dem Tiefpunkt seiner Verzweiflung, dennoch die *Hollywood-Elegien* schrieb, scheint auf eine Anregung von Hanns Eisler zurückzugehen. Was dabei herauskam, hat etwas so Distanziertes, Karges, Unpersönliches, daß es fast poesielos wirkt. Als Brecht diese Elegien am 20. September 1942 Hans Winge vorlas, sagte dieser: »Sie sind wie vom Mars aus geschrieben.«

So gesehen, sind es Gedichte über eine ›verkehrte Welt‹, in der alles auf dem Kopf zu stehen scheint. Doch zugleich sind es die Elegien des Marxisten Brecht, des »Lenin im Prater«, der in der Traumfabrik des Kapitalismus – trotz ungebrochen antikapitalistischer Gesinnung – zu einem ihrer Belieferer herabgesunken ist, der also seinen Feinden »dient«, statt in

Moskau an der Seite seiner wahren Freunde zu sitzen. Doch welche Freunde hatte Brecht damals in Moskau? Saß er nicht in Hollywood, weil er darauf keine rechte Antwort wußte? Und so vermischten sich in diesen Gedichten Hohn und Scham, Klage und Anklage, Objektives und Subjektives auf eine geradezu untrennbare Weise. Deshalb sind die *Hollywood-Elegien* bei aller Verfremdung des Elegischen zugleich echte Elegien. Denn sie beklagen das Schicksal jenes unbekannten Dante, der das hier geschilderte System, das er tief verabscheut, zugleich beliefert und noch froh sein muß, wenn man seine Machenschaften nicht durchschaut.

Was war in einer solchen Situation, die nur nach systemstützenden ›Waren‹ verlangte, anderes zu machen, als solche ›Waren‹ herzustellen? Schließlich herrschten hier jene, die über die Geldsäcke verfügten, geradezu absolut. Solchen Leuten war mit ›Kunst‹ überhaupt nicht beizukommen. »Was soll ich ihnen (bloß) sagen?«, fragt sich daher Brecht in seinem Gedicht *Liefere die Ware!* Und er gibt darauf die einzig richtige Antwort: »Das [nämlich daß es so ist, wie es ist] will ich ihnen sagen!« Und so schildert er dieses ›verfluchte‹ Hollywood als eine Hölle, die sich als Himmel ausgibt, als einen Ort der Korruption, der vom (kapitalistischen) Ölgeruch der Filmindustrie erfüllt ist, als ein Paradies der Prostitution, in dem selbst Eisler und Brecht dem Kapitalismus »auf den Strich« gehen müssen. Und fast alle scheinen diesen Zustand zu akzeptieren, sich anzupassen, ›happy‹ zu sein, ja lächelnden Gesichts im Sumpf des falschen Bewußtseins immer tiefer zu sinken, wie es in einer Variante zu den *Hollywood-Elegien* heißt. Dies ist der Ort, wo niemand erkennt, daß die aufsteigenden Flugzeuge nicht nur die Gegner angreifen sollen, sondern zugleich die Flugzeuge der eigenen Gegner sind.

Und mit solchen Bildern wird selbst dieser Hollywood-Welt, in der alles schäbig, alles verhunzt, alles käuflich ist, doch ein Quentchen ›Kunst‹ abgerungen – hoher Kunst sogar, die in ihrem treffenden Sarkasmus und ihrer epigrammatischen Zuspitzung nicht nur der Haltung eines Thersites entspringt, sondern die in kärglichen, wenn auch sorgfältig gesetzten Worten dem formlosen Stoff ein Höchstmaß an formaler Klarheit abgewinnt. Dies ist eine Kunst der Kunstlosigkeit, die bei aller Verzweiflung immer noch Waffe bleibt. Ja, nicht nur das. Unter solchen Voraussetzungen wird durch den Begriff ›Elegie‹ auf einen Kunstbegriff hingewiesen, der tatsächlich »wie vom Mars« zu stammen scheint. Denn wer hat damals in Hollywood sonst noch Elegien geschrieben oder im Garten Horaz gelesen? Nur einmal sei ihm in dieser Stadt etwas »Kunstähnliches« begegnet, schreibt Brecht in seinen *Briefen an einen erwachsenen Amerikaner* mit unüberbietbarer Ironie, nämlich ein »dünnes, köstliches Gebilde in zarten Farben«, das von einem Motorboot an dünnen Drahtseilen »drachenhaft« durch die Luft gezogen worden sei. Allerdings habe es sich dabei um die »Reklamezeichnung einer Hautölfirma« gehandelt.

Elisabeth Borchers
Das Lied von der Moldau

Ein Jahr nach seiner Ankunft in Amerika notierte Brecht am 15. 7. 42 in seinem *Arbeitsjournal:* »... und wieder möchte ich SCHWEYK machen, mit szenen aus DIE LETZTEN TAGE DER MENSCHHEIT dazwischengeschnitten, so daß man oben die herrschenden mächte sehen kann und unten den soldaten, der ihre großen pläne überlebt.«

Im Mai 1943 fuhr Brecht nach New York, um mit Weill den Schweyk-Plan zu besprechen. »im zug den alten schwejk lesend, bin ich wieder überwältigt von diesem riesigen panorama hašeks, dem echt unpositiven standpunkt des volkes darin, das eben das einzige positive selbst ist und daher zu nichts anderem ›positiv‹ stehen kann. auf keinen fall darf schweyk ein listiger hinterfotziger saboteur werden. er ist lediglich der opportunist der winzigen opportunitäten, die ihm geblieben sind. er bejaht aufrichtig die bestehende ordnung, so zerstörend für ihn, soweit er eben ein ordnungsprinzip bejaht, sogar das nationale, das er nur als unterdrückung trifft. seine weisheit ist umwerfend. seine unzerstörbarkeit macht ihn zum unerschöpflichen objekt des mißbrauchs und zugleich zum nährboden der befreiung.« (Der Tscheche Jaroslav Hašek [1883-1923] schrieb *Die Abenteuer des braven Soldat Schwejk.*) Kaum einen Monat danach, am 24. 6., notierte er: »im großen den SCHWEYK beendet ...«

Als Alfred Kreymborg zwei Monate später Brecht die Rohübersetzung des Schweyk ins Englische vorlegte, fehlte immer noch das *Lied von der Moldau.* »merkwürdigerweise kann ich es nicht schreiben«, notierte Brecht. »ich habe den inhalt und verse, aber das ganze wird nichts. hin und wieder kriege ich einen schimmer von der agonie der unbegabten.«

Es ist das Lied, das Frau Kopecka, Wirtin des Wirtshauses ›Zum Kelch‹ in Prag, singt. Obwohl im Wirtshaus eine Tafel ausgehängt ist, auf der es heißt: »Trink dein Slibowitz oder Bier / und red nicht Politik bei mir. Anna Kopecka.«, obwohl doch Frau Kopecka zu Herrn Baloun, dem Freund des Hundefängers Schweyk, sagt: »Ich hab keine Einstellung, ich hab ein Wirtshaus . . .«, singt sie während des Spiels einige Lieder: *Das Lied vom Weib des Nazisoldaten, Das Lied vom kleinen Wind, Das Lied vom ›Kelch‹* und das *Lied von der Moldau.* Also auch Lieder, die ›eine Einstellung‹ haben. »Großer Gott, was wird werden?« hat Baloun vor lauter Hunger gefragt, und Frau Kopecka antwortet: »Ich wer euch sagn, was werden wird.« Ein Gast wirft eine Münze in das elektrische Klavier. Licht glüht auf, ein Transparent zeigt den Mond über der Moldau, die majestätisch dahinfließt. Und während Frau Kopecka die Gläser spült, so wie es die Seeräuber-Jenny tat, als sie ihren kleinen persönlichen rachegelüstenden Traum hatte, singt sie *Das Lied von der Moldau:*

»Am Grunde der Moldau wandern die Steine
Es liegen drei Kaiser begraben in Prag.
Das Große bleibt groß nicht und klein nicht das Kleine.
Die Nacht hat zwölf Stunden, dann kommt schon der Tag.

Es wechseln die Zeiten. Die riesigen Pläne
Der Mächtigen kommen am Ende zum Halt.
Und gehn sie einher auch wie blutige Hähne
Es wechseln die Zeiten, da hilft kein Gewalt.

Am Grunde der Moldau wandern die Steine
Es liegen drei Kaiser begraben in Prag.
Das Große bleibt groß nicht und klein nicht das Kleine.
Die Nacht hat zwölf Stunden, dann kommt schon der Tag.«

Wie ein Wiegenlied hebt es an: einfach, still, behutsam. Es fließt, es bewegt sich. Auch die Bewegung der Steine ist einfach, still, behutsam. Sie wandern. Da ist nichts Eiliges, was zur Zeit ankommen muß. Als hätte Brecht gewußt, daß nirgendwo sonst auf der Welt die Steine so wandern können wie hier, daß nirgendwo sonst sich ein Name finden läßt, so weich, so vergessen wie dieses Mol, dieses dau. Und beides, das Fließen und Bleiben des Wassers und der Steine, die die Strömung fortbewegt, ist ohne Ende und Ziel und ohne Bedeutung für die abertausendjährige Geschichte eines Flusses. Ein kleiner beunruhigender Schauder kommt hinzu, denn die Steine sind nicht zu sehen, man muß es schon glauben, daß es sie gibt. Sie wandern dort, wo die Dunkelheit am tiefsten ist. Und tief im Dunkeln sind sie ein Rest; wie die Kaiser, die tief im Dunkeln begraben liegen, seit Jahrhunderten nur noch ein Rest sind von etwas, das einmal groß und mächtig war und dann verging.

Wie kein anderer in der Geschichte des Gedichts – es sei denn, man hörte auf die Sprache, die das Volk dichtete und sang – erfaßt Brecht Vorgänge mit einem kaum wahrzunehmenden Aufwand an Sprache. Wie hier das dialektische Bild der fortdauernden Vergänglichkeit oder der vergänglichen Dauer. Unerträglich ist die Dauer für die, die in Not geraten sind und auf Veränderung warten – denn ewig wandern schon die Steine, fließt der Fluß, ruhen die Kaiser. Doch dann, in der dritten Zeile der ersten Strophe, macht Brecht diesem Ewigkeitsgedanken ein Ende und zeigt: die Steine und die Kaiser sind gerade der Beweis dafür, daß nichts Bestand hat. Das Große bleibt nicht groß. Also bleibt auch das Kleine nicht klein. Und als rechnete Brecht angesichts solcher Logik mit der Kleingläubigkeit der Betroffenen und mit ihrer Ungeduld, tritt er nicht nur den Beweis für diese Behauptung an, er rafft auch die Zeit dieses unmenschlichen, von keinem menschlichen Hirn auszuhaltenden Prozesses eines sich unendlich langsam hinziehenden Vergehens mit kleiner atemberaubender Geste zusammen: *Die Nacht hat zwölf Stunden, dann kommt schon der Tag.*

»Realistische Künstler betonen das Moment des *Werdens und Vergehens.* Sie denken in allen ihren Werken historisch.« Wie in allen seinen Werken, so denkt Brecht auch hier historisch und betont »das Moment des *Werdens und Vergehens*«: *Es wechseln die Zeiten.* Mit dieser Feststellung beginnt die erste Zeile der zweiten Strophe. *Die riesigen Pläne der Mächtigen kommen am Ende zum Halt.* Brecht wird nun deutlicher, doch nicht allzu deutlich. Es ist Krieg, die deutschen Truppen haben Prag, und nicht nur Prag, besetzt. Es ist ihnen befohlen, den Winter in Stalingrad auszuhalten, dort, wo das Ende der riesigen Pläne der Mächtigen endgültig den Anfang machen wird. Frau Kopecka weiß, was sie sagt, wenn sie antwortet: »Ich wer euch sagn, was werden wird.«; und sie weiß, mit ihrem siebten Sinn, wovon sie singt. Vertreter des tausendjährigen Reichs kommen und gehen im Wirtshaus ›Zum Kelch‹,

Brettschneider, der Gestapo-Agent, und Bullinger, Scharführer der SS. Leute hungern, Leute verschwinden. Baloun verliert noch den Verstand vor Hunger auf Geselchtes, und Schweyk, der weiß, wie das Volk funktioniert (»Der kleine Mann scheißt sich was auf die große Zeit, er will ein bissel ins Wirtshaus gehn und Gulasch auf die Nacht«), ist ein nichtsnutziger Opportunist und wird dennoch abgeführt werden. Frau Kopecka sieht und hört, daß die Mächtigen *wie blutige Hähne* einhergehen, ohne Verstand, wie im Rausch. Aber es hilft nichts, das Lied gibt es ihr ein: *Es wechseln die Zeiten. Da hilft kein Gewalt.* Die Geschichte hat es bewiesen, und sie wird es auch diesmal wieder beweisen, Gewalt hilft da nicht, und mögen noch so viele untergehen, Menschen wie Städte. Doch Baloun wird nicht satt von dieser Aussicht auf Rettung, und Schweyk wird in die Schneewüste vor Stalingrad geschickt. Denn erst muß die Nacht vorbei sein, dann kommt der Tag.

Das Lied kehrt zum Anfang zurück, wiederholt die erste der drei Strophen, nach Art des Volksliedes. Das Licht des elektrischen Klaviers verlöscht, das Transparent mit dem Mond über der majestätisch dahinfließenden Moldau verschwindet. Frau Kopecka ist mit ihrem Lied am Ende.

Was hat Brecht vom Volkslied gelernt? »Es ist schwierig, vom Volkslied zu lernen«, schreibt er. »Die modernen Lieder ›im Volkston‹ sind oft abschreckende Beispiele, schon ihrer künstlichen Einfachheit wegen. Wo das Volkslied etwas Kompliziertes einfach sagt, sagen die modernen Nachahmer etwas Einfaches (oder Einfältiges) einfach. Außerdem wünscht das Volk nicht tümlich zu sein. Und es ist da wie mit den Trachten, in denen einstmals gearbeitet oder in die Kirche gegangen wurde, jetzt aber nur paradiert wird. Die deutsche Romantik, die das Verdienst hat, Volkslieder gesammelt zu haben, hat auch viel verdorben, indem etwas falsch Inniges, leer Sehnsüchtiges hineingebracht und Hervorragendes geglättet wurde. Ich möchte meinen, daß ich selber für Gedichte wie ›Die Legende vom toten Soldaten‹ und ›Und was bekam des Soldaten Weib?‹ gut vom Volkslied gelernt habe.« Wir wissen nicht, warum Brecht hier nicht auch das *Lied von der Moldau* nennt. Er sagt etwas sehr Kompliziertes einfach, das Lied hat nichts Falsches, nichts Leeres und keine Glattheit.

In einem Brief an die »Pioniere«, die seine Gedichte lesen, schreibt Brecht darüber, wie man nach seiner Ansicht Gedichte lesen muß, damit man Vergnügen daran haben kann: »Es ist nämlich mit Gedichten nicht immer so wie mit dem Gezwitscher eines Kanarienvogels, das hübsch klingt und damit fertig. Mit Gedichten muß man sich ein bißchen aufhalten und manchmal erst herausfinden, was schön daran ist.« Und als Beispiel nennt Brecht eine Strophe aus J. R. Bechers Lied *Deutschland* und fragt: »Was ist daran schön?« Nachdem Brecht auf das Inhaltliche eingegangen ist, erklärt er den Pionieren: ». . . es ist schön, weil die Empfindungen des Dichters tief und von edler Art sind, weil er seine Heimat liebt mit Trauer, wenn das Böse in ihr herrscht, und mit Fröhlichkeit, wenn das Gute zur Macht kommt. Aber dann ist da auch noch Schönes in der Art, *wie* er spricht . . . das kann man nicht schöner sagen.« Und von einer Zeile sagt Brecht, sie sei schön, »weil es so zärtlich klingt . . . Und sehr schön ist der Rhythmus des Gedichts. Es ist eine große Ruhe darin. Wenn ihr es vor euch hinsagt, werdet ihr merken, was ich meine, und besonders leicht, wenn ihr es singt in der schönen Vertonung von Eisler.« Eisler hat auch das *Lied von der Moldau* vertont.

Ich war mir nicht sicher, ob es wohl erlaubt wäre und sich nicht etwa bequem oder einfältig ausnähme, das *Lied von der Moldau*, dieses Lied, das nicht seinesgleichen hat, einfach schön zu nennen – schön, weil es geborgen macht wie ein Wiegenlied, weil es ermutigend ist wie ein Trostlied, weil es verständlich ist, wie die einfachen großen Gefühle es sind. Deshalb ging ich auf die Suche, ob nicht auch Brecht sich zu einem Gedicht geäußert hätte, das er ganz einfach schön fand, und wie er dieses ›schön‹ übersetzte.

Das *Lied von der Moldau* ist ein gewaltig schönes Lied. Und wer es je gehört hat, der weiß es.

Bürger der Vaterstadt, seht
Mich gehn den letzten Weg
Und das letzte Licht
Anschaun der Sonne.
Und nie das wieder?
Denn der alle bettet einst, der Todesgott
Lebendige führt er mich
Zu des Acheron Ufer.

Oh, mein Vater, oh, unglückliche Mutter
Von denen einmal ich Trübsinnige kam
Zu denen im Fluche
Mannlos zu wohnen ich komme.
Oh, oh, mein Bruder
Süß zu leben, gefallen!
Mich auch, die nur noch da war
Ziehst mit du hinab.

Ihr aber, nicht, ich bitt euch, sprecht vom Geschick.
Das weiß ich. Von dem sprecht
Der mich hinmacht, schuldlos; dem
Knüpft ein Geschick! Denkt nämlich nicht
Ihr bleibt verschont, ihr Unglückseligen.
Ihr, die dem Kreon den Krieg
Über unheimische Marken schlepptet, so viele
Schlachten auch dem glücken, die letzte
Wird euch verschlingen. Ihr, die ihr Beute rieft, nicht
Volle Wagen werdet ihr kommen sehen, sondern
Leere.

Besser zwischen den Trümmern der eigenen Stadt
Säßet ihr doch, und sicherer auch, als mit ihm
In den Häusern des Feinds.
Euch beweine ich, Lebende
Was ihr sehen werdet
Wenn mein Auge schon voll des Staubs ist! Liebliche Thebe
Vaterstadt! Und ihr, Dirzäische Quellen

Um Thebe rings, wo die Wagen
Hochziehn, oh, ihr Haine! Wie schnürt's mir den Hals zu
Was dir geschehen soll! Aus dir sind kommen
Die Unmenschlichen, da
Mußt du zu Staub werden. Sagt
Wer nach Antigone fragt, sie
Sahen ins Grab wir fliehn.

RÜCKKEHR

Die Vaterstadt, wie find ich sie doch?
Folgend den Bomberschwärmen
Komm ich nach Haus.
Wo denn liegt sie? Wo die ungeheueren
Gebirge von Rauch stehn.
Das in den Feuern dort
Ist sie.

Die Vaterstadt, wie empfängt sie mich wohl?
Vor mir kommen die Bomber. Tödliche Schwärme
Melden euch meine Rückkehr. Feuersbrünste
Gehen dem Sohn voraus.

Walter Jens

Ein klassisches Beispiel alexandrinischer Bearbeitungskunst: Hölderlin dichtet, in freier Übersetzung, Sophokles' *Antigone* nach; Brecht, der Dramatiker, funktioniert die Hölderlinsche Transposition um, indem er den Hegel-Konflikt (Staat gegen Familie) im Sinne eines Marxschen Antagonismus (Unterdrücker gegen Unterdrückte) verändert; Brecht, der Lyriker, schließlich rafft die halb hölderlinisch, halb eigenständig umgearbeitete Abschiedsrede Antigones zu einer lyrischen Paränese: Die Todgeweihte spricht ihr Testament; in freien Rhythmen wird, von seiten der einzig Wissenden, den vielen Nichtwissenden politischer Anschauungsunterricht erteilt.

In der Tat, die Transformation ist total; aus einem frommen, ihres göttlichen Auftrags gewissen Mädchen (das gleichwohl hassen, zürnen und verwerfen kann) ist eine hellsichtige Analytikerin politischer Konstellationen geworden – und dies nicht etwa dank einer ihr oktroyierten Einsicht in ökonomische Zusammenhänge (das Ödipus-Kind als eine Art präfigurierter Marxistin), sondern allein auf Grund einer Menschlichkeit, die es ermöglicht, auf die selbstverständlichste Weise Ideologiekritik zu betreiben: Der Diskrepanz zwischen Rede und Tat auf seiten der Herrschenden innegeworden, beginnt Antigone, die Kluft zwischen Hoch und Nieder, Herren und Knechten, Eroberern und Eroberten, Nutznießern und Opfern zu realisieren. Humanität als Politicum: Das ist es, was Brecht am Beispiel Antigone demonstrieren wollte. Darum, am 5. Januar 1948 im *Arbeitsjournal* notiert, die Bemerkung: »Das elementar Menschliche, zu sehr gedrückt, explodiert und wirft das Ganze auseinander und in die Vernichtung«; darum das gegenüber Sophokles entschieden veränderte Charaktelogramm der Protagonistin.

In der griechischen Vorlage spricht eine Frau (eher ein junges Mädchen, siebzehn Jahre mag es sein, aber psychologische Fragen, das Alter betreffend, waren für die attische Tragödie ohne Belang), deren Schicksal es ist, ganz und gar Schwester, und nicht Mutter, Tochter oder Ehefrau, zu sein ... und es macht die Würde und Größe dieser sophokleischen Antigone aus, daß sie sich über die Problematik ihres – höchst reduzierten – Weltbezugs durchaus im klaren ist.

Nichts als Schwester und eben darum Täterin und Opfer zugleich: Ein einziger, in immer neuen Anläufen umkreister Gedanke ist es, der Antigones berühmte Medidation charakterisiert – jenes von Goethe, Eckermann gegenüber, so leidenschaftlich attackierte Kalkül, in dessen Verlauf die Sterbende, ein gedankliches Exerzitium mit einem Höchstmaß von Logik, Rationalität und Argumentationskunst durchführend, ihren Zuhörern zu erkennen gibt, daß sie sich weder für einen Ehemann noch für Kinder aufgeopfert hätte: Beide sind ersetzbar, der Bruder dagegen ist, nach dem Tod der Eltern, nicht in der Person eines anderen Menschen neu zu gewinnen. (»Verlör ich meinen Mann – ich könnte einen andern finden.

Stürb mir ein Kind – ich könnt' ein anderes bekommen von einem andern Mann. Doch wo die Eltern tot sind, bringt keiner meinen Bruder mir zurück. So lautet das Gesetz, das ich, wohl überlegt, befolgte.«)

Ein dialektisches Kalkül ohne Poesie, wie Goethe meinte? Der Vortrag eines Motivs, das, so das Diktum vom 28. März 1827, *schlecht* sei und *ans Komische* grenze? Keineswegs: Der Held des griechischen Dramas geht nicht mit fliegenden Fahnen, sondern gleichsam mit dem Schreibstift in den Tod; im Augenblick des Sterbens wird Rechenschaft abgelegt; Vernichtung und Erkenntnis, Untergang und Einsicht sind, zumindest für Sophokles, identische Größen. In der Sekunde, da Antigone stirbt, argumentiert sie wie eine Brechtsche Figur: wie eine Frau aus dem Volk, die, klar sehend und durchaus materialistisch gesinnt, die Güter – Leben und Tod, Schande und Würde – gegeneinander abwägt.

Aber eben dieser *seiner* Antigone, der räsonierenden und dabei höchst vitalen Dialektikerin, wollte Brecht nicht zu neuem Leben verhelfen: Die war ihm – darum das veränderte Charakterogramm – offensichtlich zu hegelianisch, mit ihren gegensatzreichen Volten, die dazu dienen, das Freund–Feind-System Kreons zugunsten jener höheren Synthese aufzuheben, in deren Horizont der Feind so gut ein Bruder ist wie der Freund. Die Brechtsche Antigone, ihre letzte Rede beweist es, ist eher eine politische Prophetin, die Worte sehr leise und sehr präzise artikulierend, als eine Schwester von Geblüt, die für die Familienrechte plädiert. Kein Wunder also, daß die sophokleischen Gegensatzpaare Bruder–Feind, untere–obere Götter, Licht–Tag bei Brecht der *einen* Zentral-Antithese Herrscher–Beherrschte gewichen sind: wie sehr, das zeigt unser Gedicht, ein Appell in lyrischer Manier, adressatenbezogen (»Bürger der Vaterstadt« als Anrede) und deiktisch-demonstrativ: »Ihr aber, nicht, ich bitt euch, sprecht vom Geschick.«

Antigones letzte Rede, das ist gleichsam die Quintessenz des Antigone-Modells, ein Resumé in Versen als Extrakt jener Art, wie Brecht, der Fazitzieher, sie liebte: Die lyrischen Summen im *Hofmeister* oder, den Roman antizipierend, die Gedichte aus dem Umkreis des *Caesar-Fragments* beweisen es. (Auch dort, nicht zufällig, die Form der Rede: Dem

Abschieds-Sermon Antigones entspricht, aus der Sicht von oben, die Unterweisung eines reichen Erben durch seinen sterbenden Vater. Hüben *Antigones letzte Rede,* die *Rede einer proletarischen Mutter an ihre Söhne bei Kriegsausbruch* und die *Rede eines Arbeiters an einen Arzt* und drüben, als feudales Pendant, die *Rede eines sterbenden römischen Vaters:* Das sind rhetorisch akzentuierte Gedichte, intentional und situativ geprägte politische »Summen« auf kleinstem Raum – Exerzitien, die den Versuch, das *Kommunistische Manifest* zu versifizieren, in bescheidenerer und konkreterer Form wiederholen. Lyrische Kasuistik, die dennoch auf dem Anspruch besteht, vom Einzelfall aus das Gesamt der Gesellschaft, mit seinen Widersprüchen und geheimen Potenzen, in den Blick zu bekommen.)

Was beiläufig und eher persönlich beginnt, in unserem Gedicht, endet höchst exemplarisch: Viele wird es geben, die, wie die grabflüchtige Antigone, zu »Staub« werden – ein Opfer derjenigen, die, sehr bezeichnend für die Sichtweise der Sprecherin (einer Frau, die zurecht ihre eigene mit der »allgemein menschlichen« Perspektive identifiziert), nicht Fronherren, sondern Unmenschliche genannt werden.

Antigone als Stellvertreterin der Humanität einklagenden »Mühseligen und Beladenen« (im christlichen Sinn), »Verächtlichen und Beleidigten« (im Sinne Karl Marx') – Schritt für Schritt gewinnt sie Profil in diesem Gedicht: Am Anfang, in den wörtlich von Hölderlin übernommenen Versen (einschließlich des absurden Fragesatzes in Zeile fünf: »Und das nie wieder?« statt: »Und niemals wieder«), dominiert das »Ich«; dann wird, noch im sophokleischen Stil, der engste familiäre Bezirk abgeschritten (»Mich auch, die nur noch da war, ziehst mit du hinab« als Rudiment des »dialektischen Kalküls«!); und schließlich, von der dritten Strophe an, kommt Allgemeines zur Sprache: Da redet, von Sophokles-Hölderlin abweichend (nur der Anruf der Vaterstadt und der Dirzäischen Quellen am Schluß ist traditionsvorgegeben), Brecht, seine Dramen-Vorlage raffend und variierend (»Besser zwischen den Trümmern der eigenen Stadt . . . als in den Häusern der Feinde« ist eine einmontierte Passage aus dem großen Kreon-Antigone-Dialog), durchaus im *eigenen* Namen, indem er Antigone im Namen der *Stadt* reden läßt: Sie geht vorweg, die anderen werden ihr folgen. Die Syntax verdeutlicht die »Weiterungs«-Tendenz des Gedichts – erst die Person, dann das Kollektiv, erst der Tatbestand, dann dessen Konsequenz: Die Bewegung von der ersten Person Singular zu der zweiten Person Plural ist ebenso offenkundig – viermal das »Ihr« in der dritten Strophe! – wie der erneute Pendelschlag von den schuldigen Bürgern, den Profitmachern am Krieg – »Ihr Unglückseligen!« – zu der geopferten, in der zweiten Person Singular angesprochenen Stadt: »Wie schnürt's mir den Hals zu, was dir geschehen soll.«

Ungeachtet der Tatsache, daß Brecht darauf bedacht war, allzu hurtig hergestellte Parallelen zu vermeiden – »eher nachteilig« nannte er die »überraschend kräftigen Analogien zur Gegenwart« –, wird bei genauerer Lektüre des Gedichts offenkundig, daß der Zeitbezug sich um so dramatischer herstellt, je deutlicher das Gedicht ins Allgemeine verweist und, in eins damit, paränetischen Charakter gewinnt (»Knüpft ein Geschick« statt »Sprecht vom Geschick«): Der Krieg rentiert sich nicht, vor Argos so wenig wie in den Weiten der Sowjetunion; die letzte Schlacht verschlingt den Usurpator: eine Allusion vor Stalingrad; die imperialistischen Raubkrieger, »mit ihm in den Häusern des Feinds« (wiederum eine Anspielung auf die Katastrophe, im wörtlichen Sinn, von 1943), fallen ihrer Haben-Ideologie zum Opfer; »Aus dir sind kommen die Unmenschlichen, da mußt du zu Staub werden«: Deutschland, im Zeichen des Faschismus!

Antigones letzte Rede und das Gedicht *Rückkehr* gehören zusammen: Der Vision des zu Staub gewordenen Theben entspricht, aus verfremdeter: der Perspektive des nach »Argos« geflüchteten Emigranten betrachtet, die Phantasmagorie der in »Gebirgen von Rauch« verborgenen Vaterstadt – Theben, Augsburg oder wie immer sie heißen mag.

Die *Rückkehr*, zeitlich *Antigones letzter Rede* vorangehend, benennt, um die Begriffe *Schwärme* und *Feuer* kreisend, von außen her sehr genau, was, aus der Binnen-Sicht (der Résistance, nicht der Emigration) betrachtet, mit dem Satz antizipiert wird: »Euch beweine ich, Lebende, was ihr sehen werdet, wenn mein Auge schon voll des Staubs ist!«

1943, als Brecht das Gedicht *Rückkehr* schrieb, nahm er den Ausgang des Krieges als Faktum vorweg – »Feuersbrünste gehen dem Sohn voraus« –; fünf Jahre später, nach der Vernichtung des deutschen Faschismus, ließ er, in der Form eines *vaticinium ex eventu,* Antigone weissagen, was mittlerweile Faktizität geworden war.

Poesie, einmal den Ereignissen voraus, einmal zeitlich hinter ihnen zurück – in beiden Fällen aber ein lyrischer Appell, ein Appell, der, die Faktoren hinter den Fakten andeutend, die Realität auf die Ebene der Wirklichkeit hebt.

Liebeslieder

I

ALS ICH NACHHER VON DIR GING

Als ich nachher von dir ging
an dem großen Heute
Sah ich, als ich sehn anfing
Lauter lustige Leute.

Und seit jener Abendstund
Weißt schon, die ich meine
Hab ich einen schönern Mund
Und geschicktere Beine.

Grüner ist, seit ich so fühl
Baum und Strauch und Wiese
Und das Wasser schöner kühl
Wenn ich's auf mich gieße.

II

LIED EINER LIEBENDEN

Wenn du mich lustig machst
Dann denk ich manchmal:
Jetzt könnt ich sterben
Dann blieb ich glücklich
Bis an mein End.

Wenn du dann alt bist
Und du an mich denkst
Seh ich wie heut aus
Und hast ein Liebchen
Das ist noch jung.

Benno von Wiese
›Liebeslieder‹ vom späten Brecht

Vier kurze *Liebeslieder* von Brecht entstanden 1950 in seiner Spätzeit. Ihre Nähe zum Volkslied ist jedesmal unüberhörbar. Drei oder vier Sprachtakte genügen, der trochäische Rhythmus wird bevorzugt, in zwei Gedichten reimt Brecht auf einfache Weise, das eine Mal im Wechsel von männlichen und weiblichen Reimen, das zweite Mal nur mit männlichen. Die beiden anderen (II und IV) werfen auch diese Regelmäßigkeiten wie eine lästige Fessel ab. Aber diese Nähe zum Volkslied ist trügerisch. Hinter der gewollten Alltagssprache verbirgt sich stilistische Raffinesse. Hinter den einfachen Liebesmotiven steckt eine vitale Diesseitsbejahung, die, wenn nicht ideologischen, so doch programmatischen Charakter hat. Aber das wird nicht mit lehrhaft erhobenem Zeigefinger vorgetragen, sondern in anschauliche Selbstreflexion umgesetzt.

Ich stelle hier nur die beiden ersten Liebesgedichte vor. In den Gedichten I und II ist die Sprecherin ein junges Mädchen. Diese Verse gehören in die Gattung des Rollengedichtes. Beide sind Lieder einer Liebenden. Der Erlebnisausdruck wird einer bestimmten fingierten Person in den Mund gelegt. Diese Tradition reicht weit zurück, nicht nur zum Volkslied und seinen Liebes-, Studenten- und Bergmannsliedern, auch zum Hirtengedicht des Altertums, zum Minnesang, zur Anakreontik bis hin zu *Schäfers Klagelied* von Goethe oder zu Mörikes Versen *Der Jäger*. Im Brechtschen Liebeslied als Rollengedicht distanziert sich der Autor von der Sprechenden und identifiziert sich zugleich mit ihr. Das im Gedicht angeredete Du braucht nicht der Dichter selbst zu sein. Beide, das Du und der Autor, verschwinden hinter dem Gedicht, damit dieses ganz und nur die Situation eines konkret gestalteten menschlichen Ichs in einer bestimmten menschlichen Haltung aussprechen kann.

Diese Situation ist im ersten Gedicht genau umrissen. Es handelt sich um den Tag bzw., noch genauer, um die Abendstunde der, wie es mit einem depravierenden medizinischen Ausdruck heißt, »Defloration«. Es ist nicht irgendein beliebiger Tag; das junge Mädchen, das man sich unwillkürlich als ein Mädchen aus dem Volke vorstellt, ohne daß dies ausdrücklich gesagt würde, nennt ihn in seiner Erinnerung das »große Heute«, ein stilisierendes, aber trotzdem schlichtes Pathos. Mit dieser einen ungewöhnlichen Wendung ist dieser eine Tag aus allen anderen herausgehoben; er gewinnt eine erhöhte Gegenwärtigkeit, die so leicht nicht vergessen werden kann. *Jene* Abendstund rückt freilich das »große Heute« auch schon unter den Aspekt des Vergangenen, aber des dennoch zeitlich so genau Fixierten, daß der angeredete Partner keinen Zweifel haben kann, *welche* Stunde damit gemeint ist.

Wir erfahren nicht, wieviel Zeit seit dem »nachher« verflossen ist. Es spielt auch keine Rolle. Von dieser Abendstunde an hat sich für die Liebende ihr Verhältnis zur Welt entscheidend verändert. Das Gedicht beschreibt die Art dieser Veränderung als einen positiven und glückhaften Vorgang und erhebt damit das Sprechen ins Liedhafte. Es gibt nur wenige Gedichte, die mit so sparsam und nirgends übertreibenden Mitteln ein solches Maximum an Lebensintensität und Lebenssteigerung ausdrücken. Jede emotionale Übertreibung wird vermieden, aber ebensowenig gerät das Gedicht ins Triviale. So gelingt ihm der poetische Ausdruck, ohne daß wir an vorgegebene Klischees des Liebesgedichtes uns erinnert fühlen. Das an sich sehr private Gedicht setzt mit einem sozialen Aspekt ein. Erst nach und nach konnte die Außenwelt von der Sprecherin wieder wahrgenommen werden. Was jetzt »gesehen« wird, sind, offensichtlich sehr im Kontrast zum früheren Sehen, »lauter lustige Leute«. Das Wort »lustig«, das eher herunter- als heraufspielt, hat hier aufschließende Bedeutung. Auch in der ersten Zeile des zweiten Gedichtes wird es verwandt. Dort ist es der Geliebte, der die Liebende »lustig« macht; hier sind es die Menschen überhaupt, »Leute«, also unbestimmt gelassene beliebige Menschen, die im Medium der eigenen Fröhlichkeit gesehen werden. Lustig und Lust gewinnen ihren positiven Wertakzent aus den ungenannten negativen Gegenbegriffen von Unlust und unlustig. Die Welt der »Leute«, also des Jedermann, der sozialen Beliebigkeit soll damit nicht etwa verklärt werden, aber sie ist ihrer Härte, ihrer Grausamkeit, ihrer brutalen Wirklichkeitsnähe beraubt; sie ist »lustig« geworden, eine Spielwiese wie in einer Komödie. Das Draußen vermag die nachfolgend beschriebene Introversion nicht zu stören.

Nicht nur das Sehen des jungen Mädchens hat sich verändert, auch das Fühlen. »Schöner« ist der Mund, »geschickter« die Beine geworden. Auch das Wort »geschickt« ist uns in der negativen Bedeutung von ungeschickt geläufiger. Es könnte bei der Thematik dieses Gedichtes einen obszönen Beiklang haben, (geschickter zum Beischlaf!), aber die Kunst des Dichters bewährt sich gerade darin, daß diese naive Selbstreflexion jede Zweideutigkeit ausschließt. Naiv ist sie freilich nur im Munde des Mädchens. Vom Dichter her gesehen hat diese Wendung fast etwas Apartes und Graziöses. Und dennoch ist sie bei aller ihrer Einfachheit unerwartet. Sie bleibt im Umkreis der Gebrauchssprache, gewinnt ihr aber einen poetischen Ton ab, der sich jedoch sowohl vom empfindsam Sentimentalen wie vom verklärend Romantischen völlig freihält.

Die letzte Strophe steigert das individuelle Glückgefühl ins naturhaft Universale. Die Qualitäten der Natur, das Grün von Baum, Strauch und Wiese, haben im Komparativ »grüner« an Intensität der Wahrnehmung und der Empfindung gewonnen. Noch einmal wird das Motiv des Schönen aufgenommen. Erst war es der eigene Mund, der schöner geworden war; jetzt ist es das kühlende Wasser, das mit dem fast simpel wirkenden Eigenschaftswort schön, aber bereits in der gesteigerten Form, bedacht wird. Am Ende des Gedichtes steht ein Vorgang. Das Wasser, das die Liebende auf sich gießt, dieses schöne, kühlende Wasser, gewinnt geradezu kultische Bedeutung. Es läßt sich wie ein säkularisierter Taufakt verstehen. Eine Neugeburt hat sich ereignet.

Das kurze, nur drei Strophen umfassende Gedicht ist nicht nur die naive, subjektive Reflexion einer glücklich Liebenden, fast ein Triumphgesang der Liebe, sondern zugleich, vom Autor aus gesehen, eine sehr durchreflektierte Absage an alle Frustration, alle Sexualängste, alle Verketzerung der körperlichen Liebe. Nicht »defloriert« ist dieses Mädchen, sondern durch den Liebesakt erst eigentlich erblüht. Das Gedicht hält dabei die unzerstörte und unzerstörbare Einheit des Leiblichen und des Seelischen in einem, in der Erinnerung gespiegelten Augenblick fest, aber nicht als utopischen Wunschtraum, sondern als gleichsam poetisch filtrierte, völlig unverstellte und eben darin nahezu paradiesische Wirklichkeit.

Bedeutet nicht dennoch das Flüchtige und Vergängliche der Zeit eine Grenze für diesen Zustand der Lust und des Lustigseins? Darauf gibt das zweite Liebeslied eine Antwort. Auch sie lautet positiv. Nietzsches Erkenntnis, daß alle Lust nach Ewigkeit verlangt, scheint Brecht nicht fremd zu sein. Paradoxerweise ist es die Vorstellung des Todes, die hier den Triumph des Glückes erst vollständig macht. An sich ist der Vers: »Jetzt könnt ich sterben/ Dann blieb ich glücklich/ Bis an mein End« in sich widerspruchsvoll. Denn der Tod ist ja schon das Ende, und das Glücklich-Bleiben würde dann nur sagen, dem jungen Mädchen sei damit späteres Unglück, z. B. Trennung oder Untreue, erspart geblieben. Aber eben das ist *nicht* gemeint. Das weiterdauernde Glück interpretiert sich vielmehr so, daß der überlebende Geliebte auch noch im Alter, wenn er sich an die früh Verstorbene erinnert, das Bild der zeitlos jungen Geliebten in seiner Vorstellung festhalten darf. Mit keinem Wort ist auch nur die Möglichkeit angedeutet, daß er sie ja auch vergessen oder sich im Laufe der Zeit einer anderen zuwenden könnte. Das Vertrauen in die überdauernde Kraft der Liebe ist so grenzenlos, daß in dem rhythmisch verspielten, fast etwas leichtsinnigen Liebeslied des Mädchens keinerlei Argwohn oder Zweifel aufkommen können. Die Zeit wird radikal ihrer vernichtenden oder auch nur enttäuschenden Funktionen beraubt, und selbst der freilich nur in der Phantasie vorweggenommene frühe eigene Tod wäre eine mögliche Vorbedingung für den Fortbestand der Liebe beim überlebenden Partner. Auch wenn man unterstellt, daß der Autor Brecht dies noch mit leiser Ironie das Mädchen sagen läßt, so bleibt dennoch diese Selbstaussage in ihrer naiven Glückseligkeit gültig und überzeugend.

Beide Gedichte haben es auch mit dem Fließenden der Zeit zu tun: beim ersten nur leise angedeutet in der schmalen Spanne vom großen Heute zur bereits erinnernden Reflexion, die das Heute in seiner Wirkung weiter fortdauern läßt; beim zweiten viel nachdrücklicher in der Zeitspanne, die zwischen dem Jetzt – »Wenn du mich lustig machst« – und dem unbestimmt gelassenen Augenblick des eigenen Todes liegt. Beinahe sieht es so aus, als ob auch dieser Tod noch etwas

»Lustiges« an sich habe. Beide Male hat nämlich die Zeit keinerlei Macht mehr, den nicht etwa magischen, sondern sehr natürlichen Zauber aufzuheben, der im real erlebten Glück der geschlechtlichen Liebe liegt.

Blasphemie und Zynismus, wie wir sie aus anderen Gedichten Brechts kennen, finden sich in den hier ausgewählten nicht. Nur ein sehr leiser, sehr reizvoller Schimmer von Ironie ist noch spürbar. Im ganzen wirken sie eher altmodisch, erinnern noch an die Lyrik des Realismus, z. B. an volkstümlich gehaltene Liebesgedichte Liliencrons, freilich ohne das Pathos des Gefühlsüberschwanges. Später behandeln die Themen der Moderne sehr oft die entfremdete Welt, die zerstörte, durch den Menschen unnatürlich gemachte Natur, die entzauberten Illusionen und die banal gewordene physische Liebesvereinigung. Brecht setzt hier eher ein Gegenzeichen: die Liebe als gesteigertes, naives Glück, als erhöhte Wahrnehmung der Natur und des Schönen und als Freundlichkeit zu den Menschen. Das alles wollte er gewiß nicht relativieren oder gar entlarven. Aber er brauchte in seiner Alterslyrik dafür die experimentierende Distanz des Rollengedichtes, das zugleich volkstümlich bleibt, ohne intellektuellen Kommentar, aber auch ohne romantisch verklärende spirituelle Tendenz.

Dennoch kann man bei diesen Strophen kritisch fragen: Wie weit ist das alles noch »realistisch«? Sind nicht diese einem jungen Mädchen in den Mund gelegten Strophen in Wahrheit nur der Wunschtraum des *Mannes,* des Autors, und gehören sie nicht – so gesehen – in den Bereich einer nach wie vor utopischen Liebesidylle? Aber es scheint mir, daß gerade diese Zweideutigkeit zwischen Wirklichkeit und Poesie den besonderen, sehr einmaligen Reiz dieser Verse ausmacht.

Zurückgekehrt nach fünfzehnjährigem Exil
Bin ich eingezogen in ein schönes Haus.
Meine No-Masken und mein Rollbild, den Zweifler
zeigend
Habe ich aufgehängt hier. Fahrend durch die Trümmer
Werde ich tagtäglich an die Privilegien erinnert
Die mir dies Haus verschafften. Ich hoffe
Es macht mich nicht geduldig mit den Löchern
In denen so viele Tausende sitzen. Immer noch
Liegt auf dem Schrank mit den Manuskripten
Mein Koffer.

Hilde Domin
Wohnen nach der Rückkehr

Die Rückkehr aus dem Exil ist vielleicht noch aufregender als das Verstoßenwerden. Zumindest empfinde ich es so. Deswegen habe ich dieses Gedicht gewählt, in dem die Rückkehr so konkret enthalten ist. Weit mehr als in dem berühmteren, *Rückkehr* betitelten Gedicht, in dem Brecht von der Rückkehr nach Deutschland und nach Augsburg ja nur träumt: einen – ambivalenten – Angsttraum. »Die Vaterstadt, wie find ich sie doch?/ Folgend den Bomberschwärmen ... Feuersbrünste/ Gehen dem Sohn voraus.« Das hat er 1943 in Amerika geschrieben, als nach Stalingrad zum ersten Mal wieder wahrscheinlich wurde, daß es für ihn eine Rückkehr geben könnte. »Die Vaterstadt, wie empfängt sie mich wohl?« Er antizipiert ja auch, in einem Gedicht *An die Augsburger,* im einzelnen den desolaten Zustand der Häuser. Freilich hat er auch sehr zärtliche Rückkehrergedichte an Deutschland und auch an Augsburg geschrieben.

Dieses »neue Haus«, in das er einzieht, nach 15 Jahren des Exils, unterscheidet sich deutlich von allen seinen früheren

Häusern, über die er ja immer berichtet hat. Und auch der Bewohner unterscheidet sich.

Von den Fluchtwohnungen im Exil schreibt er: »Das Haus hat vier Türen, daraus zu fliehn« *(Zufluchtsstätte)*. Und weiter: »Auf der Flucht vor meinen Landsleuten/ Bin ich nun nach Finnland gelangt . . . Neugierig/ betrachte ich die Karte des Erdteils. Hoch oben in Lappland/ Nach dem nördlichen Eismeer zu/ Seh ich noch eine kleine Tür.«

Von den Wohnungen selbst erfahren wir wenig, außer von den Gegenständen, die er auf der Flucht mitnahm, darunter das winzige Radiogerät, mit dem er die Siege Hitlers abhört und das ihm wichtiger ist als alles. Außerdem erfahren wir von ein paar kleinen Bäumen, die in dem Hof des einen oder andern dieser Fluchthäuser begossen werden, als sei er für sie verantwortlich wie ein Bleibender. Das Haus im Exil ist Station auf der Flucht und fast nur das. Die paar Gegenstände als Zeichen, daß einer, vorübergehend, zu Hause ist.

Wie anders schrieb er von dem Haus, das er vor der Emigration bewohnt hat (*Zeit meines Reichtums*, 1933): »Ich hatte es/ Mehr Wochen betrachtet, als ich es bewohnte. Zu verschiedenen Tageszeiten/ Und auch des Nachts ging ich erst vorbei zu sehen/ Wie die alten Bäume über den Wiesen stünden in der Frühdämmerung . . .« Er beschreibt Treppe, Geländer, die Öfen, noch die Türklinken dieses Hauses, von dem er mit Zärtlichkeit sagt: »Was für wohltuende Maße! Jeder Raum anders/ Und jeder der beste!« Nach sieben Wochen verließ er es. »Den Wandel der Jahreszeiten, sicher köstlich, erlebten wir nicht.« Wir »flohen über die Grenze«. Es ist eine merkwürdige Sache, wie sehr es schmerzt, weggehen zu müssen gleich nach dem Einzug, und die Bäume nie grün werden zu sehen. Als ginge man als ein besonders Fremder und Verurteilter aus einem solchen Hause fort, in dem man nur in Gedanken gewohnt hat und nicht warm werden durfte. Im Gegensatz zu allen anderen war dies »sein« Haus gewesen, obwohl er es vermutlich kürzer bewohnt hat als die meisten seiner Fluchtwohnungen.

Bei der Beschreibung des ersten Hauses, das er wieder in Deutschland bewohnt, dieses »neuen Hauses«, fällt auf, daß er es gar nicht beschreibt. Täglich fühlt er sich privilegiert, daß er darin wohnen darf. Das ist an sich schon kein normales

Wohngefühl. Zum Teil mag das daran liegen, daß er gut untergebracht ist, während so viele in Trümmern hausen, und daß er sich fürchtet, die Solidarität mit ihnen zu verlieren. Denn sofort nach der Rückkehr fühlt er sich als einer von ihnen. Beinah. Nur beinah.

»Und ich saß mit ihnen in eingefallenen Häusern
Und ich hörte sie reden und sagen: Nun ist's genug doch!
Nun ist's endlich genug mit köpfezerbrechendem Lernen.
Taten her! Und schnelle! Alles verändernd gewaltsam!
Die, vertrauend, Falsches gelernt, die hörten mit Mißtrauen
Richtiges nun, denn keiner verstand, Gehörtes zu prüfen.«
(*Jugend* 1949)

Aber das ist es nicht allein, die eingefallenen Häuser ringsum. Sondern daß er von diesem neuen Hause Besitz ergreift wie vorher von seinen Fluchtwohnungen: Er hängt die Gegenstände an die Wände, diese wenigen, die ihn kontinenteweit begleitet haben und die mit ihm zurückgekehrt sind. Vermutlich hat er als erstes, wohin er auch kam, die No-Masken aufgehängt und die »chinesische Leinwand zeigend den Zweifler«, wie er es ja auch von seiner dänischen Wohnung, der mit den »vier Türen«, ausdrücklich beschreibt. Das waren die Zeichen seines Hierseins, Zeichen einer geistigen Inbesitznahme. Die fremde Wohnung wurde, durch dies Ritual, fast zur seinen. So auch, 1949, in Berlin. Wir sehen keine Möbel, wir sehen diese geliebten Gegenstände, diese Identitätssymbole. Außerdem sehen wir den Schrank, in dem die Manuskripte liegen. Und auf dem Schrank – und nur deswegen bekommen wir den Schrank gezeigt – die Hauptsache: den Koffer. »Zurückgekehrt« ist das erste Wort dieses Gedichts. Die letzte Zeile, vor der Atem geholt wird und auf die das ganze Gedicht zuläuft, lautet: »Mein Koffer.«

Wo der Koffer derart wichtig ist, wo er weder in den Keller noch in die Mansarde verschwindet, wo man innehält und, wie hier, mit einem Atemstoß sagt: »Mein Koffer«, da ist die ganze Problematik des Nachhausekommens aus der Verfolgung in diesem einen Wort enthalten. (Sofort fällt einem ein, daß, wie der Koffer, den man nicht aus dem Auge läßt, der Paß ist: mögliche Fluchtutensilien beide. Und deswegen also nicht der Paß des eigenen Landes, sondern ein österreichischer, etwas wie die »vierte Tür im Haus«. Er hatte ihn, wird erzählt, mit dem Versprechen, für Salzburg einen neuen *Jedermann* zu schreiben, erworben. Sehr erinnere ich mich dabei an das eigene Zurückkommen und an die Jahre der Pflege der Koffer. Und wie die Freunde sagten: »Wenn du kommst, bitte mit dem Paß eines andern Landes.« Ein Ratschlag, den ich nicht befolgt habe.)

Was die Gegenstände betrifft, die die Wohnung als seine ausweisen, so hat er sich über das Rollbild wie auch über eine der No-Masken ausgesprochen.

»An meiner Wand hängt ein japanisches Holzwerk
Maske eines bösen Dämons, bemalt mit Goldlack.
Mitfühlend sehe ich
Die geschwollenen Stirnadern, andeutend
Wie anstrengend es ist, böse zu sein.«

Man denkt dabei an »Auch der Haß gegen die Niedrigkeit/ Verzerrt die Züge« – dessen, der in den »finsteren Zeiten« lebt. Brecht hat es vermutlich so empfunden, wenn er die »geschwollenen Stirnadern« des Dämons mit Mitgefühl betrachtet und sich nicht ohne Selbstironie mit der »Anstrengung« des Böseseins identifiziert.

Wichtiger scheint mir die Identifikation mit dem »Zweifler« des chinesischen Rollbilds.

»Immer wenn uns
Die Antwort auf eine Frage gefunden schien
Löste einer von uns an der Wand die Schnur der alten
Aufgerollten chinesischen Leinwand, so daß sie herabfiel
  und
Sichtbar wurde der Mann auf der Bank, der
So sehr zweifelte.

Ich, sagte er uns
Bin der Zweifler, ich zweifle, ob
Die Arbeit gelungen ist, die eure Tage verschlungen hat.
Ob, was ihr gesagt, auch schlechter gesagt, noch für einige
  Wert hätte.
Ob ihr es aber gut gesagt und euch nicht etwa
Auf die Wahrheit verlassen habt dessen, was ihr gesagt
  habt.
Ob es nicht vieldeutig ist, für jeden möglichen Irrtum

Tragt ihr die Schuld. Es kann auch eindeutig sein
Und den Widerspruch aus den Dingen entfernen; ist es zu eindeutig?
Dann ist es unbrauchbar, was ihr sagt. Euer Ding ist dann leblos.
Seid ihr wirklich im Fluß des Geschehens? Einverstanden mit
Allem, was wird? Werdet *ihr* noch? Wer seid ihr? Zu wem
Sprecht ihr? Wem nützt es, was ihr da sagt? Und nebenbei:
Läßt es auch nüchtern? Ist es am Morgen zu lesen?
Ist es auch angeknüpft an Vorhandenes? Sind die Sätze, die
Vor euch gesagt sind, benutzt, wenigstens widerlegt? Ist alles belegbar?
Durch Erfahrung? Durch welche? Aber vor allem
Immer wieder vor allem andern: Wie handelt man
Wenn man euch glaubt, was ihr sagt? Vor allem: Wie handelt man?

Nachdenklich betrachteten wir mit Neugier den zweifelnden
Blauen Mann auf der Leinwand, sahen uns an und
Begannen von vorne.«

Die Erfahrungen dieses Zweiflers sind die Erfahrungen eines, der »öfter als die Schuhe die Länder wechselte«, aber auch die eines jeden von uns. Nur daß nicht alle, wie dieser Zweifler, an sich selber zweifeln.

Dieses Gedicht, wie alle hier zitierten, ist ganz wesentlich die Aussage eines »Überlebenden«, der weiß: »Einzig durch Glück/ Habe ich so viele Freunde überlebt«.

»Wenn du dir deine Wände neu aufrichtest/ Deinen Herd, Schlafstatt, Tisch und Stuhl –/ Hänge nicht deine Tränen um sie, die dahingegangen/ Die nicht mehr mit dir wohnen werden/ An den Stein, Nicht an das Holz . . . Ach es sind die Wände und die Geräte/ Wie die Windharfen empfänglich«, schrieb Nelly Sachs zu diesem Thema, im selben Jahr 1943, aus dem Brechts heikles *Rückkehr*-Gedicht stammt.

»Glück ist Hilfe« sagt Brecht.

»Ich habe viel Glück gehabt. Deshalb
Bin ich noch da.
Aber in die Zukunft schauend, erkenne ich schaudernd
Wieviel Glück ich noch brauche.«

All dies gehört zu dem Einzugs- und Wohngefühl in dem »Neuen Haus«. Dieses prekäre Wohngefühl des Überlebenden besteht, im Angesicht der Exilveteranen Koffer und »Zweifler«, hauptsächlich in der Dankbarkeit, überhaupt wohnen zu dürfen.

Nach dem Aufstand des 17. Juni
Ließ der Sekretär des Schriftstellerverbands
In der Stalinallee Flugblätter verteilen
Auf denen zu lesen war, daß das Volk
Das Vertrauen der Regierung verscherzt habe
Und es nur durch verdoppelte Arbeit
Zurückerobern könne. Wäre es da
Nicht doch einfacher, die Regierung
Löste das Volk auf und
Wählte ein anderes?

Peter Bödeker

1.
Wir wissen: Brecht hat am 17. Juni 1953 den Einsatz sowjetischer Panzer gebilligt und sich mit der SED solidarisch erklärt. Gesetzt den Fall, er lebte noch, hätte er dann auch den Einmarsch der Warschauer-Pakt-Staaten in die ČSSR 1968 und die Niederschlagung der Arbeiterrebellion in Polen 1970 begrüßt, wie ein bekannter DDR-Germanist weiß? Und gehörte er, um der Verteidigung der sozialistischen Errungenschaften und eines Politbüro-Beschlusses willen, zu denjenigen, die im November 1976 im *Neuen Deutschland* die Ausbürgerung Wolf Biermanns befürwortet haben?

Fruchtlose Spekulationen, die aber auf eines hinweisen: »den ganz richtigen Brecht gibt es erst jetzt: weil er tot« ist. Johannes Bobrowski, von dem diese Beobachtung stammt, begründet sie: »Früher wars nämlich sehr schwierig, das wollte er so und das wieder so.« Früher also hatte Brecht seinen eigenen Kopf, ließ sich nicht einfach »von vorwärts und rückwärts« spielen. Er wurde übrigens kaum gespielt in der DDR, außer in seinem Theater. Die Kulturfunktionäre fanden, daß seine Arbeiten zu wenig sozialistischen Realismus (nach Ždanovschem Rezept) und zu viel Formalistisches enthielten. Das hat sich freilich inzwischen sehr geändert.

Ich hätte nicht übel Lust, hier fortzufahren, meinen »ganz richtigen Brecht« aus der Tasche zu ziehen. Der könnte zum Beispiel ein böses Epigramm gegen die Parteibürokraten drüben schreiben, die es mit ihrem »realen Sozialismus« so schwer machen, hier den Sozialismus als Veränderung zum Besseren vorzustellen. Er hätte, mehr als am 17. Juni in die Aktivität der Arbeiter, in den »Prager Frühling« seine Hoffnung gesetzt. Und mein Brecht, fürchte ich, befände sich nicht mehr in der DDR.

2.
Vereinnahmungen, Verklärungen bis zur Langweiligkeit, Spekulationen. Brecht ist nicht nur ein vielgelesener, vielgespielter Autor, sondern auch ein bürgerlicher, ein sozialistischer Klassiker geworden. Das gehört zur Nachgeschichte seines Werks, die hoffentlich eine Zukunft hat. Daß sie bislang noch immer recht unklassisch, uneinheitlich ist, zeigt sich am Gedicht *Die Lösung*. Es steht in den im Sommer 1953 entstandenen *Buckower Elegien*. Hierzulande möchte man die Verse am liebsten aus dem Zyklus auskoppeln und dann ihren Verfasser als Regimekritiker hinstellen. In der DDR, deren Lobredner sich als die »Nachgeborenen« (im Sinne des Brechtschen Exilgedichts) empfinden, hüllen sich die Germanisten in Schweigen. Die schönen Naturgedichte der *Buckower Elegien*, die Zeilen gegen die Überreste des Faschismus, solche Lyrik wie *Die Wahrheit einigt*, die Mut macht zum Aufbau des Sozialismus: gern gesehen. *Die Lösung* hingegen erinnert allzusehr an die unbewältigte Vergangenheit. Das Gedicht ergreift Partei, nicht gegen *die* Partei, aber gegen deren stalinistische Funktionäre, die aus dem Aufstand vom 17. Juni nichts gelernt haben. Und für die Initiative von unten. Dieser Vorschlag, die Regierung solle doch einfach das Volk auflösen und ein anderes wählen, kann nur von unten kommen. Solch einen grimmigen Witz bringt der nicht auf, der die Verhältnisse gewöhnlich aus der Sicht der Herrschenden betrachtet. Das ist alte satirische Tradition.

Für die Beherrschten wäre die Folgerung aus dem Schluß des Gedichts, die Regierung, die sich derartig diktatorische Vollmachten anmaßt, zu stürzen. – In Anbetracht der untergründigen Aufforderung zur Gewalt ist es mir unverständlich, wieso *Die Lösung* hierzulande offizielle Zustimmung findet! Die Wirkung des Brechtschen Epigramms auf westdeutsche Lyriker wie Fried, Astel, Maiwald müßte zu denken geben. Diese haben nämlich keineswegs nur seine Technik gelernt. Viel schlimmer: sie benutzen sie, ihre Leser zur Erkenntnis ihrer Lage zu bewegen. – Texte für neue Gedichte liefern schon die Zeitungen; so ein Wirtschaftswissenschaftler in einem *Spiegel*-Interview Anfang Juni 1977. Dieser Atomkraftwerks-Freund, der die Argumente gegen den Bau von Reaktoren als »reine Ideologie« abgetan hat, sagt dort über die Bürgerinitiativen: »Sie sind nicht abwählbar und daher undemokratisch.« Nach dieser Logik ist auch das Volk undemokratisch.

3.

Daß *Die Lösung* für die DDR nichts an Aktualität eingebüßt hat, liegt an der Thematik des Gedichts. Die Denkweise, gegen die sich Brechts Kritik gerichtet hat, herrscht noch immer vor, wenn auch in veränderter Form. Was sich der Sekretär des Schriftstellerverbands nach dem 17. Juni 1953 geleistet hat, wird sich vermutlich nicht wiederholen.

In jenen unruhigen Tagen hieß der Sekretär Kuba (Kurt Barthel). Er hatte als Verfasser von Lobeshymnen auf Stalin einige Berühmtheit erlangt und auch die Bauarbeiter der Stalinallee besungen, dieselben, die sich bekanntlich am 16. und 17. Juni unter den Demonstranten gegen die geplante Erhöhung der Arbeitsnormen befanden – worüber der Parteibarde empört war. Er ließ am 20. Juni im *Neuen Deutschland* ein Gedicht mit dem Titel *Wie ich mich schäme* veröffentlichen. Kuba schämte sich, daß seine früheren Helden ihr großes Aufbauwerk so rasch vernachlässigen konnten. Zornig schloß er: »Da werdet ihr sehr viel und sehr gut mauern und künftig sehr klug handeln müssen, ehe euch diese Schmach vergessen wird.«

Die Vergötterung der Arbeiter vor und ihre Erniedrigung zu unartigen Kindern nach dem Aufstand widersprechen sich in einem nicht: Kuba mochte vielleicht ein glühender Verehrer der Arbeiterklasse gewesen sein; für die Arbeiter selbst hatte er offenbar kein Verständnis. In dieser Doppelrolle erscheint er in Brechts Gedicht. Einerseits benutzt er für seine regierungstreue Propaganda das traditionelle revolutionäre Mittel des Flugblatts. Mit einer kleinen, unscheinbaren, aber wichtigen Einschränkung: Kuba *läßt* als stilechter Kopfarbeiter die Papiere verteilen. Andererseits spielt er sich als Zuchtmeister der Arbeiter auf – obwohl diese nach der DDR-Ideologie die Herrschaft ausüben.

4.

Wäre Kuba ein einflußloser Spinner gewesen, Brecht hätte sein Epigramm nicht geschrieben. Aber es handelte sich bei dem Sekretär des Schriftstellerverbandes um einen kritiklosen Verfechter stalinistischer Politik, deren Scheitern am 17. Juni in peinlicher Deutlichkeit sichtbar geworden war. Nicht zuviel sozialistische Initiative, wie aus unserer Sicht vielleicht anzunehmen wäre, sondern zuwenig hatte die herrschende Parteibürokratie aufgebracht. Was sie geleistet und was sie falsch gemacht hatte, geht aus dem Gedicht hervor, das unmittelbar der *Lösung* in den *Buckower Elegien* folgt. »Ich habe gewußt, daß Städte gebaut wurden/ Ich bin nicht hingefahren«, heißt es dort. Die »große Zeit« des sozialistischen Aufbaus hielt Brecht in einer wesentlichen Hinsicht für »vertan«:

»Was sind schon Städte, gebaut
Ohne die Weisheit des Volkes?«

Brecht hatte die Hoffnung, daß die Partei aus dem Aufstand lernen würde. So forderte er die Spitzen der Regierung und der SED zu einer »großen Aussprache« mit den unzufriedenen Arbeitern auf. Diese wäre vielleicht der Anfang für die Entwicklung der sozialistischen Demokratie geworden. Es galt ja nicht nur, die Menschen in der DDR für die neue gesellschaftliche Ordnung überhaupt zu gewinnen – keine noch so ausgeklügelte Überredungskunst war in der Lage, den Import von Oktoberrevolution und sowjetischem Modell schmackhaft zu machen. Vielmehr mußte der risikoreiche Weg dorthin erst gefunden werden. Da half keine Klage über die Rückständigkeit der Arbeiter. Wie sollten diese sich auch für gesellschaftliche Angelegenheiten interessieren und die gemeinschaftlichen Aufgaben als ihre eigenen betrachten, wenn ihnen in der Produktion die Planziele, in der Kunst die

Art der Werke und in der Politik die Funktionäre und deren Handlungslinie vorgeschrieben wurden?

5.

»Ginge da ein Wind/ Könnte ich ein Segel stellen./ Wäre da kein Segel/ Machte ich eines aus Stecken und Plane.« So lautet das Motto der *Buckower Elegien,* optimistisch letztlich, trotz solcher Gedichte wie *Beim Lesen des Horaz* oder gar *Bei der Lektüre eines spätgriechischen Dichters.* Die elegische Spannung zwischen dem mangelhaften, kritikwürdigen Gegenwartszustand und dem sozialistischen Ideal kennzeichnet auch *Die Lösung,* ein der Form nach epigrammatisches Gedicht. Da ist einerseits der Parteibarde, der in der Art eines käuflichen Tuis Produktivitätssteigerungen und sklavische Subordination als sozialistischen Fortschritt anpreist. Da ist andererseits der Wunsch, die revolutionäre Partei möge ihre Isolation, ihre Los-›Lösung‹ vom Volk, überwinden und ihre Lernfähigkeit unter Beweis stellen, sich also selbst revolutionieren. Das Elegische bedient sich des Epigramms, um die anachronistischen Verhältnisse anzuprangern.

Vierundzwanzig Jahre sind seitdem vergangen, zu wenig hat sich gebessert. War Brechts Hoffnung also bloße Illusion? Ich glaube nicht. Künstler, Wissenschaftler, Arbeiter, sogar Funktionäre haben sie übernommen. Ihre kritischen Fragen an die Verhältnisse in der DDR äußern sie zum Teil viel radikaler, als dies Brecht getan hat. Da sie den Sozialismus verwirklichen wollen, sind sie die Hoffnung.

Im Traum heute Nacht
Sah ich einen großen Sturm.
Ins Baugerüst griff er
Den Bauschragen riß er
Den eisernen, abwärts.
Doch was da aus Holz war
Bog sich und blieb.

Harald Weinrich

Im Jahre 1923 zerstörte ein schweres Erdbeben die japanische Stadt Yokohama. Bertolt Brecht wurde auf dieses Ereignis aufmerksam, als er sah, was die kapitalistische Werbung aus dieser Naturkatastrophe machte. Wir lesen in seiner Schrift *Fünf Schwierigkeiten beim Schreiben der Wahrheit* (1939/40): »In vielen amerikanischen Zeitschriften konnte man nach einem großen Erdbeben, das Yokohama zerstörte, Photographien sehen, welche ein Trümmerfeld zeigten. Darunter stand *steel stood* (Stahl blieb stehen), und wirklich, wer auf den ersten Blick nur Ruinen gesehen hatte, bemerkte nun, durch die Unterschrift darauf aufmerksam gemacht, daß einige hohe Gebäude stehengeblieben waren. Unter den Darstellungen, die man von einem Erdbeben geben kann, sind von unvergleichlicher Wichtigkeit diejenigen der Bauingenieure, welche die Verschiebungen des Bodens, die Kraft der Stöße, die sich entwickelnde Hitze und so weiter berücksichtigen und zu Konstruktionen führen, die dem Beben widerstehen.«[1]

Ganz andere Gedanken als diese gingen zwei Jahrhunderte vorher Voltaire durch den Kopf, als ihn die Schreckensnachricht erreichte, daß die Stadt Lissabon durch ein Erdbeben zerstört worden war. Er stellte damals (1755), angesichts dieses Erdbebens zugleich gegen den metaphysischen Opti-

1 *Gesammelte Werke, werkausgabe edition suhrkamp,* Bd. 18, S. 228 f.

mismus von Pope und Leibniz polemisierend, die Theodizee-Frage, wie die christliche Lehre von der unendlichen Güte Gottes mit den Schrecknissen einer solchen Katastrophe zu vereinbaren sei. Durch Voltaires Gedicht *Poème sur le désastre de Lisbonne* sowie durch seinen philosophischen Roman *Candide* wurde so aus dem Lissabonner Erdbeben ein zentrales Problem der europäischen Aufklärung. Das ferne Naturereignis wurde – so hat es Goethe genannt – ein »Weltereignis«.[2]

Noch weiter zurückgreifend, begegnen wir Candides Vorbild: Hiob, dem Dulder, der über seinen Prüfungen beinahe zum Haderer geworden wäre. Ihm aber zerschlägt nicht ein Erdbeben das Lebensglück, sondern – neben anderen Plagen – ein schwerer Sturm: das ist die vierte Hiobsbotschaft (Hiob 1,19). Die späteren Philosophen der Theodizee, Pope und Leibniz zumal, nennen die beiden Naturkatastrophen Erdbeben und Sturm immer nebeneinander, wenn sie den Zweifel an Gottes Güte – nur für einen Augenblick! – zu Wort kommen lassen. Auch Voltaires Candide wird von einem schweren (See-)Sturm gebeutelt (Kap. 4/5).

Wir können nun auch bei Bertolt Brecht von der Annahme ausgehen, daß jener Sturm, den er in seinem Gedicht *Eisen* aus den *Buckower Elegien* (1953) im Traum »sah«, nicht ein beliebiges Unwetter zum Gegenstand hat, sondern eines jener exemplarischen Weltübel meint, von denen alles Menschenwerk bedroht ist. In diesem Gedicht richtet sich die Bedrohung der zerstörenden Kräfte gegen ein Bauwerk, in das der Sturm fährt. Wir müssen uns einen verhältnismäßig einfachen Bau vorstellen, mit einem hölzernen Baugerüst, so wie man wohl in den fünfziger Jahren noch in Buckow gebaut hat. Nur der Bauschragen ist aus Eisen oder Eisenstahl. Nicht jeder Leser dieses Gedichtes wird übrigens genau wissen, was ein Bauschragen ist. Wenn er im Wörterbuch nachschlägt, findet er die Auskunft: »Gestell aus schräg oder kreuzweise gegeneinander gerichteten Stäben oder Pfählen, das zu verschiedenen Verwendungszwecken dient.«[3] Wir sehen, Bertolt Brecht spricht hier die Sprache der Bauarbeiter oder der Bauingenieure, deren Berechnungen er an anderer Stelle, wie wir gesehen

2 Näheres zu diesem Thema in meinem Buch *Literatur für Leser – Essays und Aufsätze zur Literaturwissenschaft*, Stuttgart 1971, S. 64-76.

3 *Wörterbuch der deutschen Gegenwartssprache*, s. v. Schragen.

haben, für so unvergleichlich wichtig hält. Deren Aufgabe wäre es gewesen, auch den Bauschragen, der an diesem Bau offenbar in besonderer Weise den Fortschritt der Bautechnik repräsentiert, so zu konstruieren und zu montieren, daß gerade er den Erschütterungen eines Sturmes widersteht. Aber das Bild, das Brecht im Traum erscheint, sieht anders aus. Es könnte nicht, wie jene amerikanische Photographie von Yokohama, unterschrieben sein: *Steel stood*, sondern es erhält von Brecht selber die Unterschrift: *Bog sich und blieb*. Die »weiche« Alliteration *b-b* anstelle der »harten« Alliteration *st-st* spiegelt diesen Sichtwandel auch im Medium der lautlichen Form.

Diese neue Pointe hat ebenfalls eine alte Geschichte. Wir erkennen in ihr leicht die bekannte Fabel des Äsop wieder, in der das Schilfrohr und der Ölbaum einem schweren Sturm ausgesetzt sind. Der Ölbaum wird vom Sturm gebrochen, das Schilfrohr jedoch widersteht dem Sturm, indem es sich beugt. Äsops Moral lautet: »Die Fabel lehrt, daß die, welche sich den Umständen und den Stärkeren nicht widersetzen, klüger handeln als diejenigen, welche sich mit Mächtigeren streiten« (Fabel 143). Noch bekannter ist vielleicht die Fassung, die dieses Fabelmotiv bei La Fontaine angenommen hat. Es handelt sich um die Fabel *Le chêne et le roseau*, die nicht nur La Fontaine selber, sondern auch viele seiner Leser, namentlich Pascal, für seine schönste Fabel gehalten haben. Aus Äsops mediterranem Ölbaum ist bei La Fontaine eine nördliche Eiche geworden, gleichviel: der harte, knorrige Stamm kann dem Sturm nicht standhalten. Das Schilfrohr jedoch beugt sich und bleibt: *»Je plis, et ne romps pas«* (Fabel I, 22).

So wie La Fontaine Äsops Fabel gleichsam parallel verschoben und solcherart nördlicheren Lesern angepaßt hat, so verschiebt Brecht die Elemente dieser Fabel noch einmal weiter, so daß die Stelle des Holzes (Ölbaum, Eiche) vom Eisen eingenommen wird, während der Gleichniswert des Schilfrohrs auf das Holz übergeht. Die Moral wird jedoch von diesen modernisierenden Verschiebungen nicht berührt und bleibt eine typische Fabelmoral: die Klugheit und List der Machtlosen unter den Bedingungen übermächtiger Gewalt.

Bertolt Brecht hat diese Moral, die natürlich eine politische Moral ist, in seinem Werk mehrfach literarisch ausgedrückt.

Am bekanntesten ist dafür vielleicht die Keunersche Geschichte *Maßnahmen gegen die Gewalt,* in der einer dieser Bedrängten die Gewalt nur dadurch überwindet, daß er sie überlebt.[4] Es steht außer Frage, daß man dieser klugen Moral in Brechts politischem Denken einen bestimmten gesellschaftstheoretischen Stellenwert zuordnen kann: die marxistische Lehre nämlich, daß eine Revolte gegen die herrschende Klasse so lange nutzlos und schädlich ist, als eine revolutionäre Situation nicht besteht, die revolutionäres Handeln zwangsläufig zum Erfolg führt. »Eile heißt der Wind, der das Baugerüst umweht.«[5]

Fabeln haben es jedoch an sich, daß sie vielfache Deutungen zulassen. Eben darum hat Brecht sie auch als poetisch-politische Gattung hochgeschätzt. So darf man sich auch daran erinnern, daß Brecht in den fünfziger Jahren, kurz nach der Entstehungszeit des Gedichtes *Eisen,* noch einmal an das Erdbeben in Japan zurückgedacht hat, das ihn rund zwanzig Jahre früher wegen des kapitalistischen Werbespruchs *Steel stood* zum Nachdenken über die unvergleichlichen Leistungen der Bauingenieure angeregt hatte. Aus dem Erdbeben von Yokohama ist inzwischen in seiner Erinnerung ein Erdbeben von Tokio geworden. Dazu schreibt er nun als Beantwortung einer Umfrage *Kann die heutige Welt durch Theater wiedergegeben werden?:* »Vor Jahren sah ich ein Photo in einer Zeitung, das zu Reklamezwecken die Zerstörung von Tokio durch ein Erdbeben zeigte. Die meisten Häuser waren eingefallen, aber einige moderne Gebäude waren verschont geblieben. Die Unterschrift lautete: *Steel stood* – Stahl blieb stehen. [. . .] In einem Zeitalter, dessen Wissenschaft die Natur derart zu verändern weiß, daß die Welt schon nahezu bewohnbar erscheint, kann der Mensch dem Menschen nicht mehr lange als Opfer beschrieben werden, als Objekt einer unbekannten, aber fixierten Umwelt.« Die literarische Moral, die aus diesen Überlegungen abzuleiten ist, lautet bei Brecht: »Die heutige

4 *Gesammelte Werke,* Bd. 12, S. 375 f. Zur Interpretation dieser Geschichte vgl. O. Rammstedt, *Zum Leiden an der Gewalt,* in: *Gewaltverhältnisse und die Ohnmacht der Kritik,* Frankfurt 1974 (edition suhrkamp, 775), S. 235-254. Ferner: H. Weinrich (Hg.), *Positionen der Negativität,* München 1975, S. 557-567.

5 *Der kaukasische Kreidekreis, Gesammelte Werke,* Bd. 5, S. 2018.

Welt ist den heutigen Menschen nur beschreibbar, wenn sie als eine veränderbare Welt beschrieben wird.«[6]

In eben dieser Antwort auf die – westdeutsche – Umfrage wird Brecht im folgenden noch deutlicher. Er läßt nämlich keinen Zweifel daran, welche Art Veränderung er meint. Er schreibt: »Ich lebe jetzt in einem Staat, wo eine ungeheure Anstrengung gemacht wird, die Gesellschaft zu verändern.« Es ist also der Aufbau des Sozialismus gemeint. In diesem Kontext wird man nun in jenem Staat, der Deutschen Demokratischen Republik, das in der Fabel genannte Bauwerk sehen müssen, das einerseits mit Mauerwerk und Baustahl möglichst zweckrational befestigt werden muß, das aber andererseits als ein gesellschaftstheoretisch überdeterminiertes und bis zur Unmenschlichkeit starres System gerade in solchen Teilen besonders sturmanfällig ist, auf die es in seiner technokratischen Naivität am stolzesten ist. Diese Buckower Dialektik macht gleichzeitig verständlich, daß Bertolt Brecht in diesem System, das seinen Bürgern, zumal seinen Schriftstellern, den ungeheuren Tribut einer totalen Erbaulichkeit auferlegt, einer uralten Volksweisheit folgend, sich bog und blieb.

6 *Gesammelte Werke, werkausgabe edition suhrkamp*, Bd. 16, S. 929 ff. Es handelt sich um einen schriftlichen Diskussionsbeitrag von Brecht zum 5. Darmstädter Gespräch *Über das Theater* vom Jahre 1955.

Der erste Blick aus dem Fenster am Morgen
Das wiedergefundene alte Buch
Begeisterte Gesichter
Schnee, der Wechsel der Jahreszeiten
Die Zeitung
Der Hund
Die Dialektik
Duschen, Schwimmen
Alte Musik
Bequeme Schuhe
Begreifen
Neue Musik
Schreiben, Pflanzen
Reisen
Singen
Freundlich sein.

Karl Otto Conrady

»Weniger als alles andere brauchen Vergnügungen eine Verteidigung.«
Brecht, *Kleines Organon für das Theater,* § 3.

Immer hat es Brechts Denken und Dichten mit dem Glück des Menschen zu tun. Bedingungen zu schaffen, die Glück für alle Menschen ermöglichen: darauf ist direkt oder indirekt alles bezogen, was er tut und schreibt. Als Prämisse bleibt für ihn nach der bewußten Aneignung des Marxismus allerdings die Erkenntnis gültig, daß Glück als menschliche Lebenserfüllung nicht unabhängig ist von gesellschaftlichen Verhältnissen oder, vorsichtiger: daß die Verwirklichung von Glück, die dem einzelnen vergönnt sein mag, nicht schon Zeugnis für die allen Menschen gleichermaßen gegebene Möglichkeit zu sein vermag, zumal solches private Einzelglück auf offenbare oder verborgene Weise von der namenlosen Fron derer befleckt sein kann, die es leidend zustande gebracht haben. So ist die Schärfe der Kritik an bestehendem Schlechten stets auch gezeichnet von der humanistischen Trauer über die Verhinderung des den Menschen möglichen Glücks.

In der Zeit, die ihm beschieden war, hatte Brecht wenig Anlaß, konkrete Einzelheiten glücklichen Daseins vorzustellen. Sie wurde aufgezehrt vom Kampf um die baren Möglichkeiten des Lebens und Überlebens, und wenn jemand, der den Boden bereiten will für Freundlichkeit, darunter leidet, selber nicht freundlich sein zu können *(An die Nachgeborenen)*, bleibt ihm für die Rede von vergnüglichen Dingen allenfalls karge Gelegenheit. In den »Kriegen der Klassen«, wie Brecht sie sieht, stehen elementare Bedingungen menschlichen Daseins überhaupt auf dem Spiel; wo Verhältnisse so sind, wie sie Brecht als die *Befürchtungen des Herrn Keuner* im *Arbeitsjournal* unter dem 19. 3. 1940 notiert, wäre die Beschwörung von Vergnügungen nur zynisch: »herr keuner befürchtet, daß die welt unbewohnbar werden könnte, wenn allzu große verbrechen oder allzu große tugenden erforderlich sind, damit der mensch seinen lebensunterhalt verdienen kann. so flieht herr keuner von einem land zum andern, da überall zuviel von ihm verlangt wird, sei es nun opferwille oder tapferkeit oder klugheit oder freiheitswille oder gerechtigkeitsdurst, sei es grausamkeit, betrug usw. alle diese länder sind unbewohnbar.«

Gleichwohl finden sich, gerade in den Gedichten, versprengte Bekundungen von Augenblicken einer Ahnung und begrenzten Erfahrung des Angenehmen, des Liebenswerten, des Freundlichen, des Vergnüglichen (zu schweigen von der sehr frühen Suche nach animalischem Wohlbefinden beim Eintauchen in die Natur, beim »Schwimmen in Seen und Flüssen«). Aber immer sind solche Äußerungen gegen die private und allgemeine Not gesprochen, werden von ihr überschattet oder kontrastieren zu ihr, als deren Grund Brecht den Kapitalismus und dessen Kulmination im Faschismus begreift. »O Sprengen des Gartens, das Grün zu ermutigen!« *(Vom Sprengen des Gartens)*. »was ich gern mache, ist das wässern des gartens. merkwürdig, wie das politische bewußtsein all diese alltäglichen verrichtungen beeinflußt« (*Arbeitsjournal,*

20. 10. 1942). »In mir streiten sich/ Die Begeisterung über den blühenden Apfelbaum/ Und das Entsetzen über die Reden des Anstreichers./ Aber nur das zweite/ Drängt mich zum Schreibtisch« *(Schlechte Zeit für Lyrik).*

So ist es nur konsequent, daß Einzelheiten glückhafter Lebensverwirklichung erst spät in größerer Zahl beim Namen genannt werden, erst dann, als der zurückgekehrte Brecht sich in jenem Staatsgebilde einzurichten sucht, das sich Deutsche Demokratische Republik nennt. Mag er seine Konflikte gehabt haben: die Zukunft sah er dennoch dort verbürgt und nicht in Ländern westlicher Demokratie. Denn er hielt nach wie vor an der Überzeugung fest, »daß die Wurzel aller Übel unsere Eigentumsverhältnisse sind« (Rede auf dem I. Internationalen Schriftstellerkongreß zur Verteidigung der Kultur, Paris 1935) und daß dementsprechend durch die in der DDR vollzogene Aufhebung des Privateigentums an Produktionsmitteln der erste und entscheidende Schritt zum Besseren getan sei. In der Ostberliner Zeit seit 1949 spricht Brecht heller, unbeschwerter, sicherer als je zuvor von gelungener Lebensverwirklichung, von der Nähe des Glücks, auch von erfüllten Augenblicken, dabei das Private ins Allgemeine einbettend und das gemeinsame Erringen lebens- und liebenswerten gesellschaftlichen Miteinander selbstverständlich voraussetzend: »Will doch das Glück erst erkämpft sein/ Kommt es doch nicht von allein« *(Lied vom Glück).* »Kampf und Müh« *(Inschrift für das Hochhaus an der Weberwiese)* sind noch nicht überflüssig, das Alte ist noch nicht gänzlich überwunden, sondern west noch fort, und »nicht alles kann es gleich in Fülle geben« *(Das Brot des Volkes).* Noch bleibt das Ziel in der Ferne der Zukunft liegen, deren »große Ordnung« im einzelnen vorzuzeichnen sich Brecht versagt hat, weil sie selbst erst im Prozeß des verändernden Geschehens real werden kann. Immer noch ist in einem weiteren Sinne, als es die Notiz im *Arbeitsjournal* vom 19. 8. 1940 meint, »inzwischenzeit«.

In solcher Zeit ist die Benennung von »Vergnügungen«, wie Brecht sie im Gedicht wagt, niemals allein die Feststellung von sicher und unbefragt Geschehendem, sondern auch Selbstzuspruch, Entwurf von Gewünschtem, Angebot von Dingen, Tätigkeiten und Verhaltensweisen, die wahrzunehmen und zu verwirklichen der Sprechende sich angelegen sein läßt und solches zugleich auch den Mitmenschen anträgt. Insofern geht das Gedicht, das sich wie eine sehr private Bekundung gibt, über bloß Subjektives entschieden hinaus, am deutlichsten wohl in der Zeile »Freundlich sein«, wo ein Appellthema Brechtscher Dichtung an der markanten Stelle des Gedichtschlusses alles andere als beiläufig zitiert wird.

Das Gedicht bietet nichts weiter als hinweisende Benennungen. In neuerer Lyrik ist die registrierende Folge bloßer Aussagepartikel ohne Einbindung in ein Satzgefüge nicht ungewöhnlich. Aber wo in manchen modernen Gedichten solches Zitieren geschieht, damit einzelne – vor allem auch abgenutzte – Sprachteile als Material vorgeführt und bewußtgemacht werden, ist hier alles mit Bedeutung beladen. Das stenogrammartige Aufrufen reicht aus, um die Erinnerung an den weiten Kontext zu wecken, in dem die bloß zitierten Vergnügungen ihren Ort haben und ihre Bedeutung behaupten: es ist der Kontext des gesamten Brechtschen Lebens und Werkes. Die Sinnhaftigkeit der einzelnen Vergnügung hat sich in ihm ausgeprägt, und es wäre reizvoll, das ganze Geflecht des Verweisungszusammenhanges aufzuzeichnen, in das die einzelnen Nennungen eingewirkt sind.

Es sind, scheint es, in der Mehrzahl bescheidene Vergnügungen, die Brecht hervorhebt; Normales, das erst dann, wenn man darauf achtgibt, zum angenehmen Bestandteil menschenwürdigen Lebens wird; Einfaches, das zum belebend Vergnüglichen wird, wenn es bewußt aufgenommen oder getan wird.

Die reine Wahrnehmung am Morgen: natürlich, sie kann nur dann Befriedigung schenken, wenn das Wissen sie stützt, daß es sich lohnt, den kommenden Tag zu verbringen. In ausweglos »finsteren Zeiten« wäre solcher Blick ohne Reiz, ohne Freude. Gerade beim ›späten‹ Brecht äußert sich eindrucksvoll der Genuß der anschauenden Wahrnehmung. Er schreibt Verse, die wie ein Nachhall aus Goethes *Chinesisch-deutschen Jahres- und Tageszeiten* anmuten *(Der Blumengarten; Ach, wie sollen wir die kleine Rose buchen?)*, um dann freilich – direkter als bei Goethe – die Beziehung zum eigenen und seiner Mitgenossen Tätigsein zu knüpfen, wie im *Blumengarten* der *Buckower Elegien:*

»Hier, in der Früh, nicht allzu häufig, sitz ich
Und wünsche mir, auch ich mög allezeit
In den verschiedenen Wettern, guten, schlechten
Dies oder jenes Angenehme zeigen.«

Unsystematisch reiht das Gedicht *Vergnügungen* Verschiedenes aneinander. Das alte Buch, das wiedergefunden wird, beglückt. Für Brecht ist Altes und früher Gedachtes und Geschriebenes nicht tot, einfach vergangen und dem Vergessen und der Vergeßlichkeit preisgegeben, sondern aufzuarbeitender und zu bewältigender Bestand einer so oder so nicht zu leugnenden Tradition. Freilich: »das Wissen der Jahrhunderte/ Vom alten Schmutz« zu reinigen *(Als unsere Städte in Schutt lagen)* ist für den kritischen Kopf unumgänglich, der wie Walter Benjamin weiß, daß beim sogenannten Kulturgut daran zu denken ist, wie die herrschenden Kulturgüter die Kulturgüter der jeweils Herrschenden waren und sind. – Aber auch die schlichte Gegenständlichkeit eines alten Buches, die anziehend wirkt, ist für den mitbedeutet, der veranschlagt, wie liebevoll Brecht den kleinen Gegenständen seine Aufmerksamkeit geschenkt hat, vornehmlich solchen, in denen die Spuren sorgsamer menschlicher Arbeit aufbewahrt sind, die immer wieder Schwierigkeiten zu überwinden fähig ist.

»Begeisterte Gesichter« zählt Brecht zu seinen Vergnügungen. Kein Zweifel: er denkt an die gläubig Begeisterten und begeistert Gläubigen, die den Aufbau des Sozialismus im andern Teil Deutschlands zu leisten suchen. Nichts von Vorbehalten, wenigstens nicht in den Zeilen dieses Gedichts. Kritik an Mißständen hat er andernorts geäußert, ohne in seiner Grundüberzeugung vom richtigen und notwendigen Gang der Geschichte zum Kommunismus und zu weiteren Gesellschaftsformen wankend zu werden. Es ist eine der vielen ›idealistischen‹ Äußerungen Brechts, sich hoffnungsfreudig erhebend über reale Zwänge und Nöte (die unter Berufung auf geschichtliche Gesetzmäßigkeit und Notwendigkeit von den offiziellen Parteistellen gerechtfertigt oder geleugnet werden). Unserer Skepsis hält diese Zeile nicht stand. In Gedanken an die zu besichtigende organisierte Begeisterung aufmarschierender und paradierender ›Massen‹ möchte man brechtisch formulieren: schlimm für einen Staat, der solche Begeisterung nötig hat. Und müßte Brecht heute nicht der Liste der Namen der Schriftsteller, die aus ihrem Land auszuwandern gezwungen waren *(Die Auswanderung der Dichter)*, neue hinzufügen: solche sozialistischer Autoren aus einem ›sozialistischen‹ Land?

Schlichtes und Bedeutsames folgt im Zitiergedicht *Vergnügungen* in zwangloser Folge. Die Natur in ihrem Wandel zu beobachten ist schön, wenn man die Veränderung als Gesetz des Lebendigen akzeptiert und nicht Dauer spekuliert, wie es den Metaphysikern zukommt. »Selbst die Sintflut/ Dauerte nicht ewig« *(Beim Lesen des Horaz)*. Und die »Dialektik« ist es, die für Brecht und Gleichgesinnte die Gesetzmäßigkeit des Geschehens kennzeichnet und zugleich Prinzip des Nachdenkens und Vorausdenkens ist, in der Überzeugung vom Fortschritt zum Besseren, die bei ihm nicht eingezäunt ist durch dogmatische Fixierungen, sondern offen in eine Zukunft hinein; denn »vollkommene Beziehungen zwischen den Menschen können nie eintreten, weder im Kommunismus noch in den darauffolgenden Phasen. Das Prinzip der Entwicklung ist anzuwenden in allen Phasen« (zit. b. W. Hecht, *Erinnerungen an Brecht*). Dialektisch eine Lage zu analysieren vermögen, »begreifen« können: das ist lehrreich und vergnüglich zugleich. Brecht ist bekanntlich nicht müde geworden, den Vorgang des Lernens in seiner Dichtung als vergnüglichen zu bereiten, nicht eines beliebigen Lernens freilich, sondern vorzüglich eines solchen, das Widersprüche und Konflikte auf ihre gesellschaftlichen Ursachen zu durchschauen vermag.

Alte und neue Musik werden genannt. Gewiß ist nicht jenes feierstundenschwere Anhören der ›Musik alter Meister‹ gemeint, die in den Funkhäusern so falsch als möglich unter E-Musik (›ernste Musik‹) verbucht ist und zu der auch noch dann besonders gern gegriffen wird, wenn etwas Schlimmes und Trauriges geschehen ist. Richtiger ist an das Vergnügen zu denken, das es bereitet, die kunstvolle Überwindung kompositorischer Probleme auch in der strengen Kontrapunktik alter Musik nachzuvollziehen, zumal für Brecht Schönheit sich in der Bewältigung von Schwierigkeiten offenbart. Sicherlich weist die Nennung sowohl von alter als auch von neuer Musik auf das Bewußtsein der Kontinuität hin, einer selbstverständlich kritisch bedachten Kontinuität. Aus solchen komplizierten Überlegungszusammenhängen stammt die Notiz im *Ar-*

beitsjournal vom 21. 10. 1944: »schönberg verrettet die klassische musik. eisler spricht immer – mit tiefem respekt – von der etablierung der milchmädchenrechnung in der musik. für mich hat diese musik etwas kreisendes, die bewegung führt nicht fort, die logik genügt nur sich selbst.« Nicht die Zwölftonmusik kann ihm also Repräsentantin der Neuen Musik sein.

Das sinnenhaft Körperliche hat unter den Vergnügungen seinen unbezweifelten Platz. Animalisches Wohlbefinden, in den frühen Jahren sozusagen blindlings errafft, ist nun auf die Stufe der Bewußtheit gehoben: in enger Nachbarschaft zu Dialektik und Musik und Begreifen dürfen Duschen und Schwimmen benannt werden. Denken, so scheint hier bedeutet zu werden, kann sich, wenn es vergnüglich bleiben will, vom wohlig Körperlichen nicht lösen, und das Körperliche seinerseits ist ohne die Bewußtheit stumpf und leer.

»Schreiben, Pflanzen«: das sind produktive Tätigkeiten, miteinander verwandt; denn was geschrieben und gepflanzt wird, kann Früchte tragen. »Er hat Vorschläge gemacht«, so soll es allenfalls auf dem Grabstein stehen *(Ich benötige keinen Grabstein)*. Schreiben also nicht als selbstgenügsames Spiel, sondern im Bedenken der Mit- und Nachlebenden, zu ihren Gunsten, auch zu ihrem Vergnügen und zur Ermöglichung ihrer Vergnügungen. Wieder sind Notate im *Arbeitsjournal* besonders prägnant. »das dichten muß als menschliche tätigkeit angesehen werden, als gesellschaftliche praxis mit aller widersprüchlichkeit, veränderlichkeit, als geschichtsbedingt und geschichtemachend« (24. 8. 1940). Aber diese Tätigkeit lebt in der Einheit von Didaktik und Amüsement; denn »zwischen didaktik und amüsement [besteht] kein unterschied« (28. 11. 1944), und so ist das Schreiben selbst auch unter die Vergnügungen zu zählen. Mit schöner Bedenkenlosigkeit hat Brecht vom Lebensgenuß gesprochen und gerade der Dichtung, was jüngere Eiferer nur verstören kann, wohltätige Wirkung zuerkannt, im Indikativ und sehr bestimmt: »die dichtung, in ihrem didaktischen wie in ihren anderen werken, vollbringt es, unsern lebensgenuß zu erhöhen. sie schärft die sinne und verwandelt selbst die schmerzen in genuß« (28. 11. 1944).

Man darf sich nicht täuschen: die Vergnügungen, die erwähnt werden, können nicht jedem Menschen ohne weiteres zukommen. Die hochgradige Intellektualität, das Reflexionsniveau, auf dem alles Genannte zusammen ein einfach-kostbares Ensemble von Vergnügungen zu bilden vermag, sind nicht gering zu achten und wollen erst gewonnen sein. Daß Brecht ausgerechnet »Reisen« unter den Vergnügungen aufführt, muß für die meisten Bewohner der DDR ein Ärgernis sein und diesem Gedicht den Anschein einer prekären Utopie verleihen. In der Suhrkamp-Gesamtausgabe gehen Verse unmittelbar voran *(1954: Erste Hälfte)*, in denen der berühmte Dichter bestimmte Reisen als erfreuliche Ereignisse des Jahres 1954 verzeichnet:

»Ich sah den Flieder in Buckow, den Marktplatz von Brügge
Die Grachten in Amsterdam, die Hallen von Paris.«

Aber wem sind solche Reisen, wem ist solche Freizügigkeit in der DDR, der Brecht sich verbunden fühlt, damals vergönnt gewesen und heute möglich? Entweder ist hier einmal mehr etwas von seinem Illusionismus in der Einschätzung gesellschaftlicher Realitäten zu erkennen, oder aber solche Gedichtaussagen haben immer auch fordernden, appellativen Charakter, bis das »Freundlichsein« nicht mehr nur das Vergnügen zwischenmenschlich privaten Verhaltens ist, sondern auch die politisch-gesellschaftliche Wirklichkeit bestimmt und das Leben in ihr vergnüglich werden läßt.

Stehend an meinem Schreibpult
Sehe ich durchs Fenster im Garten den Holderstrauch
Und erkenne darin etwas Rotes und etwas Schwarzes
Und erinnere mich plötzlich des Holders
Meiner Kindheit in Augsburg.
Mehrere Minuten erwäge ich
Ganz ernsthaft, ob ich zum Tisch gehn soll
Meine Brille holen, um wieder
Die schwarzen Beeren an den roten Zweiglein zu sehen.

Michael Hamburger

In der späten Lyrik Brechts werden die Sachlichkeit, die Trockenheit, die scheinbare Beiläufigkeit der Aussage wieder geheimnisvoll – manchmal sogar geheimnisvoller als viele Gedichte anderer Autoren, die Wortmagie, Wortrausch, Wortekstase pflegten.

Wie soll man *Schwierige Zeiten* lesen? Als ein Erlebnis- oder Bekenntnisgedicht? Doch noch als ein Lehrgedicht, wie es von Brecht zu erwarten war? Oder auch als ein Naturgedicht, im besonderen Zusammenhang mit anderen Baum-, Pflanzen- und Gartenfragen in Gedichten von Brecht und der berühmten Fragwürdigkeit von »Gesprächen über Bäume« zu Zeiten, die immer schwierig waren? Und auf welche Schwierigkeiten bezieht sich der Titel dieses Gedichts? Sind es persönliche Schwierigkeiten Brechts? Oder allgemeine, politische und soziale?

Solche Unterscheidungen – deren Gültigkeit ich überhaupt ablehne – bieten keinen Zugang zur späteren Lyrik Brechts, der im Laufe der Jahrzehnte sein Denken und Empfinden dermaßen politisiert hatte, daß er nun wieder frei war, Ich-Gedichte zu schreiben, die nicht lediglich Erlebnis- oder Bekenntnisgedichte sein konnten, weil für ihn alles Persönliche und Subjektive zugleich das Gegenteil, die Gesellschaft und die Zugehörigkeit jedes Einzelnen zur Gesellschaft, einschloß. Darum mußten auch solche Gedichte Lehrgedichte bleiben – gerade durch die ausgesparte, verhaltene Didaktik, die unausgesprochen mitschwingt. Brecht benutzte nun die Beobachtung seiner eigenen Neigungen und Schwankungen zur Belehrung. Da für ihn, der die Grenzen der Individualität immer wieder abgeschritten hatte, die Selbsterkenntnis etwas anderes als Selbstbespiegelung war, stand es nun für ihn fest, daß auch das Bekenntnis im Gedicht notwendigerweise noch etwas anderes als Selbstbekenntnis sein müsse. Zudem hatte schon die Wahl des Ich-Gedichts für ihn eine durchaus politische Bedeutung: sie berichtigte nämlich den Mißbrauch des Kollektivs, des ›Volkes‹, zur Züchtigung der Einzelnen, aus denen das Volk besteht. (Das Gedicht *Die Lösung* pointiert dieses Mißverhältnis satirisch, durch den Vorschlag an die Regierung, das Volk aufzulösen und ein anderes zu wählen.) Das ›Ich‹ der späten Brecht-Gedichte ist also ein gewissermaßen objektiviertes Ich.

Darin sehe ich die unvergleichbare, beispielhafte Leistung Brechts als Lyriker. Durch das wiedergewonnene, wenn auch immer spannungsbeladene Gleichgewicht des Subjektiven und des Objektiven, des Privaten und des Gesellschaftlichen gelang es ihm, eine mindestens zwei Jahrhunderte lang bestehende Spaltung aufzuheben und endlich wieder eine klassische Lyrik zu schaffen.

Das bedeutet aber nicht – wie die spät-marxistische Polemik (besonders in nicht-kommunistischen Ländern) oft annimmt –, daß alles Private oder Subjektive im Gedicht als ›bürgerlich‹ abgetan werden muß, als ob die Arbeiter einen neuen Menschenschlag darstellten, der ganz in der wirtschaftlichen Funktion aufgeht und darüber hinaus keine Bedürfnisse und keine Gemütsregungen kennt. (Das träfe höchstens auf eine andere gesellschaftliche Klasse, nämlich auf die Verwalter, Büro- und Technokraten zu, wie für ihre Fürsprecher unter den Intellektuellen.) Brecht ging es um einen Ausgleich, nicht um eine Verdrängung.

Wenn ich auch das Klassische an Brechts Lyrik als Gegensatz zur Romantik und zu allen späteren, die romantisch-symbolistische Ästhetik weiterführenden Entwicklungen verstehe, gehört für mich das Naturgedicht nicht ohne weiteres zu jenem romantisch-symbolistischen Komplex. Selbst als Zuflucht, als Befreiung von gesellschaftlichen Zwängen und Bindungen, als welche sie seit dem 18. Jahrhundert in der europäischen Kunst unter anderem gefeiert wurde, braucht auch die Natur nicht als eine Entdeckung des bürgerlichen Zeitalters abgetan zu werden, weil sie das nicht ist. Schon zu klassischen Zeiten, z. B. von lateinischen Dichtern, wurde ja die Natur, unter anderem als Zuflucht, gefeiert. Bei aller Skepsis gegenüber der romantischen Naturschwärmerei und dem Bewußtsein (wie in dem Gedicht *Der Bauer kümmert sich um seinen Acker*), daß solche Schwärmerei den Landarbeiter kalt läßt, wollte ja Brecht Zustände, in denen ›Gespräche über Bäume‹ kein Verbrechen sind. Übrigens kommt ja eine Natur, für die man schwärmen könnte, in die man sich versenken könnte, in dem Gedicht *Schwierige Zeiten* gar nicht vor. Ein Holunderstrauch kommt vor, mit den schwarzen Beeren und den roten ›Zweiglein‹ (wohl eigentlich Stielen), an denen die reifen Beeren hängen.

Wie bei vielen späten Gedichten Brechts stehen solche Bezüge nicht im Text, sondern vor und hinter dem Gesagten. Zur klassischen Ästhetik Brechts gehört auch die Voraussetzung einer Solidarität mit seinen Lesern, die Erwartung, daß jeder Leser fähig ist, eine Dialektik nachzuvollziehen, die kaum angedeutet wird – ähnlich wie frühere klassische Schriftsteller annahmen (und annehmen durften), daß jeder Leser auch die subtilsten Anspielungen auf mythische oder historische Figuren aufgreifen könne. Brecht verläßt sich aber nicht auf die Bildung, sondern auf die Intelligenz und Sensibilität seiner Leser – und zwar zu einem im 20. Jahrhundert ganz ungewöhnlichen Grade. (Ob Brechts klassische Voraussetzung der Wirklichkeit entsprach, ob er eine solche Leserschaft hatte, hat oder haben wird, ob nicht bei diesem so wirklichkeitsbezogenen Autor eine Utopie im Spiele war, sind Fragen, die ich hier nicht erörtern möchte.)

Das Geheimnisvolle an dem Gedicht *Schwierige Zeiten* ergibt sich zum Teil aus der ausgesparten Didaktik, der ausgesparten Dialektik und dem ausgesparten Schluß. Dazu kommt aber die gewollte, provozierende Trivialität des im Gedicht wiedergegebenen Ereignisses. Einen Leser, der nicht fähig wäre, das Unausgesprochene in diesem Gedicht aus eigenen

Quellen zu ergänzen, oder der in dem Vorurteil befangen wäre, daß es sich in Gedichten um große Entscheidungen, große Gesten und große, die Menschheit oder das ›Volk‹ angehende, Themen handeln muß, könnte diese Trivialität verblüffen. Er würde sich fragen, warum es Brecht für nötig hielt, diesen Augenblick des Zögerns – der aber kein Augenblick war, da er mehrere Minuten dauerte – oder auch dieses (sentimentale?) Auftauchen einer Kindheitserinnerung an Holunderbeeren festzuhalten und aufzuzeichnen; und ausgerechnet Brecht, den man doch als so unsentimental, so kaltschnäuzig, so hartmäulig kennt! Durch ebendiese Verblüffung und Befremdung würde das Gedicht einem solchen Leser nahelegen, über das Ereignis hinaus eine Bedeutung zu suchen – wenn er sich überhaupt mit dem Gedicht einlassen möchte; möglicherweise auch, sich über das Große und Kleine Gedanken zu machen. Dem fernen Osten verdankte ja Brecht nicht nur viele Vorbilder zur Kleinkunst seiner späten Lyrik, den kleinen Formen und den kleinen Gesten, sondern auch viel von jener Einstellung, die das Kleine dem Großen vorzieht (und die auch Robert Walser als ›chinesisch‹ bezeichnete).

Die Skepsis Brechts wird – mit Recht – immer hervorgehoben. Aber zum Festhalten so geringer Begebenheiten im Gedicht gehört, wie jeder Lyriker weiß, zugleich eine außerordentliche Glaubenskraft, ein Vertrauen nicht nur zu einer schon bestehenden oder potentiellen Leserschaft, sondern auch auf die Fähigkeit des geschriebenen Textes, mehr als dessen Anlaß zu bedeuten. (Freilich kann es auch aus einer ganz naiven Selbstüberschätzung oder Monomanie geschehen, die jedem persönlichen Erlebnis einen für Andere nicht gültigen und nicht annehmbaren Wert verleiht. Daß Brecht nicht zu den sich naiv ausplappernden Lyrikern zählt, braucht hoffentlich nicht mehr bewiesen zu werden.)

Auch geht es in *Schwierige Zeiten* nicht um eine sentimentale Kindheitserinnerung. (Welcher romantische Naturschwärmer würde sich im Moment der Rührung durch das aus ferner Kindheit auftauchende Bild die Brille holen?) Es geht um das Zögern, das Erwägen, und auch um das genaue Erkennen eines bestimmten Phänomens, welches zwar ein Wiedererkennen wäre, da man, was die Naturbetrachtung betrifft, das einmal in der Kindheit eingeprägte Phänomen nie mehr ganz vergißt, aber doch wieder ein neues Erkennen, aus der veränderten Sicht eines mit anderen Dingen, anderen Erfahrungen beschäftigten Mannes, der dazu vielleicht eine gewisse Gleichgültigkeit und Trägheit überwinden müßte, um diesem Wissens- oder Bestätigungsdrang nachzugeben, überdies an seinem Schreibpult steht, wo er vermutlich arbeiten will. Daß eine gewisse Zärtlichkeit für den Holunderstrauch, eine gewisse Verwunderung über die Kontinuität eines menschlichen Lebens und die Beständigkeit der Naturphänomene, wohl auch über die eigene Anfälligkeit, in dem Komplex der Erwägungen enthalten ist, versteht sich; ebenso die hohe Bewertung der Naturphänomene im Spätwerk Brechts, bis zum Gedicht *Als ich in weißem Krankenzimmer der Charité* und die Freude über den Amselgesang, der noch nach seinem Tode zu hören sein wird.

Gewiß mischten sich noch viele weitere Fragen, viele andere Umstände in die minutenlange Erwägung hinein – darunter persönliche *und* politische, auf die der Gedichttitel anspielt, die aber für einen Biographen oder Historiker belangvoller sind als für sonstige Leser des Gedichts. Man nimmt an, daß die Brille nicht geholt wurde, die schwarzen Beeren und roten Zweiglein nicht näher betrachtet wurden; aber auch das ist weder sicher noch wesentlich. Das Gedicht soll seine Geheimnisse bewahren. Gedeutet habe ich es auch nicht, nur auf einige Hintergründe gedeutet, aus dem die so schlicht und beiläufig dargestellte kleine Begebenheit ihre Bedeutung schöpft.

Ich benötige keinen Grabstein, aber
Wenn ihr einen für mich benötigt
Wünschte ich, es stünde darauf:
Er hat Vorschläge gemacht. Wir
Haben sie angenommen.
Durch eine solche Inschrift wären
Wir alle geehrt.

Walter Hinck

Das Gedicht ist nicht einwandfrei zu datieren. Fällt seine Entstehung ins Jahr 1933, wofür ein Hinweis spricht, oder in die Zeit zwischen 1947 und 1956, wohin es die Ausgabe *Gesammelte Werke* ordnet? Letzte Sicherheit gibt es noch nicht, und der Leser braucht sie auch nicht unbedingt. Doch steht das Gedicht sinnvoll am Ende dieses Auswahlbandes.

Selbstverständlich hat Brecht seinen Grabstein bekommen, auf dem Dorotheen-Friedhof in Berlin, und dem Mal aus »grauem Granit« hat Wolf Biermann in seiner *Ballade vom Hugenottenfriedhof* schon ein literarisches Denkmal gesetzt. Aber um einen Stein wie diesen, der nichts als den Namen »Bertolt Brecht« trägt, geht es ja nur im vordergründigen Sinne. Das Gedicht meint jenen Zusammenhang von Andenken, Ehrung und Fortwirken, der im Bild des Grabsteins am knappsten umschrieben ist. Und ihn hätte Brecht nicht nötig? Mir scheint, daß hinter der Geste der Bescheidenheit ein ziemliches Maß an Selbstbewußtsein steckt.

Zunächst natürlich beeindruckt die Absage an die Eitelkeit großer Männer, zumal wenn man die Anspielung auf das Gedicht erkennt, auf das die erste Zeile offensichtlich mit einer Gegenrede antwortet. In der Ode *Exegi monumentum aere perennius* sagt der römische Dichter Horaz – und Brecht kannte seinen Horaz –, er habe sich mit seiner Dichtung ein Denkmal errichtet, das dauerhafter sei als Erz, weil es ihm

Unsterblichkeit und wachsenden Ruhm in der Nachwelt sichere. Auf ein solches Mal also, auf ehernen Ruhm ist Brecht nicht aus.

Doch schon der erste Vers setzt mit dem »aber« ein Signal, das den Verzicht wieder einschränkt, und der Bedingungssatz in der zweiten Zeile deutet nun auf alles andere als Selbstverkleinerung: »Wenn ihr einen für mich benötigt.« Das unterstellt Unentbehrlichkeit. Der sich der Nachwelt nicht aufdrängen will, sieht sich als der durchs Andenken Gerufene. Sein Einverständnis ist gekoppelt mit einem Wunsch: daß die Vorschläge, die in seinem Werk enthalten sind, angenommen würden. Ein verständlicher Wunsch, aber einer mit großem Anspruch: die Vorschläge sind von einer Art, daß ihre Annahme auch die Nachkommen ehrt. Die Horazsche Ode wird durch ihren Gegenentwurf in Wahrheit übertrumpft. Die Bescheidenheit enthüllt sich als die Überlegenheit eines Weisen, der insgeheim Gefolgschaft fordert. Der Schatten des Dogmatikers zeichnet sich ab.

Hier kommt ein Zug des Denkens zum Vorschein, der unbrechtisch wirkt. Hätte der Wunsch gelautet: prüft meine Vorschläge, achtet sie und ändert sie deshalb ab! – der Brecht-Leser hätte sich in diesem Gedicht heimischer gefühlt. Und wenn sich etwa die Vorschläge auf nichts anderes beziehen als auf eine Methode, eben die dialektische Methode Brechts? Auch dann bleibt eine Spur von Selbstgerechtigkeit in der Haltung des Weisen.

Nun ist aber diese Deutung des Gedichts nicht die einzig mögliche. Vor allem ist sie einäugig. Sobald man nicht nur gebannt auf die Person des Sprechers blickt, auf Brecht, wird eine Gegensinnigkeit des Textes deutlich, die ihm auch sein dialektisches Moment beläßt.

Gegenstand des Gedichts ist die Frage, wie sich die Nachwelt angemessen zu einem toten Schriftsteller verhält. Das Setzen eines Grabsteins, alle Formen einer versteinerten Beziehung – zu denen auch große Staatsakte gehören können – sind entbehrlich, sind unerwünscht (wie sehr dem Autor selbst aller Beerdigungspomp zuwider war, zeigen die Begräbnisanweisungen in Brechts Brief an die Akademie der Künste der DDR vom 15. Mai 1955). Eines Schriftstellers, der im »Gebrauchswert« seiner Dichtung keinen Makel sieht, kann nur sinnvoll gedacht werden, wenn die Nachgeborenen in einem Handlungszusammenhang mit ihm bleiben, wenn seine Vorschläge für ihre Praxis Folgen haben. In diesem Wirkungsprozeß kann auch die Ehrung gar nicht etwas Totem, sondern nur etwas Lebendigem gelten. In diesem Prozeß ist »ehren« immer zugleich Tat, Tat der Nachgeborenen für sich selbst.

So birgt der Text eine kleine Ästhetik der literarischen Wirkung und stellt sich in den Zusammenhang ähnlicher lyrischer Reflexionen. In einem Gedicht aus dem Jahre 1936 verneint Brecht geradezu die Erwartung späteren Nachruhms:

»Einst dachte ich: in fernen Zeiten
Wenn die Häuser zerfallen sind, in denen ich wohne
Und die Schiffe verfault, auf denen ich fuhr
Wird mein Name noch genannt werden
Mit andren.
[...]
Aber heute
Bin ich einverstanden, daß er vergessen wird.«

Seine einstige Hoffnung gründete Brecht auf gewisse Leistungen: dem Nützlichen in der Dichtung Anerkennung verschafft, gegen Unterdrückung gekämpft, die Sprache bereichert zu haben usw. Aber die alte Hoffnung hält einer neuen Einsicht nicht stand: vor den Aufgaben der Zukunft darf die Vergangenheit vergessen werden.

»Warum soll mein Name genannt werden?«

Die Frage wird bohrender, konsequenter in dem Fragment *Zitat:*

»Warum soll ich Zeit verlieren über Versen, wenn die Zeit sie verliert?«

Aber dieser Gedanke wird sofort wieder verworfen:

»Ich schreibe meine Vorschläge in einer haltbaren Sprache
Weil ich fürchte, es dauert lange, bis sie ausgeführt sind.«

Sogar der Ruhm ist jetzt etwas Unabdingbares:

»Ich habe Feinde. Ich muß also berühmt sein.«

Vom Überdauern der Werke spricht auch schon ein Gedicht aus der Zeit zwischen 1930 und 1933 *(Über die Bauart langdauernder Werke)*. Der Wunsch, Werken lange Dauer zu verleihen, ist nicht immer zu begrüßen, so lautet das Fazit. Lange Dauer kann Zeichen sein für die verzögerte Ausführung eines Rats, für die Ausdauer der Feinde. Immer aber muß das Werk auf Zukunft hin entworfen werden. Denn:

»Wer verleiht den Werken Dauer?
Die dann leben werden.
Wen erwählen als Bauleute?
Die noch Ungeborenen.«

Der Kreis zum Gedicht *Ich benötige keinen Grabstein* ist wieder geschlossen. Nie dachte sich Brecht die nachgeborenen Adressaten seines Werks als Bauleute von steinernen Monumenten, als Denkmalsbauer. Bauen heißt ihm: weiterbauen, das Werk weiterdenken, Vorschläge prüfen und ausführen, angedeutete Möglichkeiten realisieren, das künstlerische Werk vervollständigen in die Lebenswirklichkeit hinein.

Gerade deshalb bleibt da ein Widerspruch. In der gewünschten Inschrift des »Grabsteins«

»Er hat Vorschläge gemacht. Wir
Haben sie angenommen«

deutet sich eine Vorstellung des Fertigen, Abgeschlossenen an, die mit dem Prozeßhaften, als das Brecht sein Werk und dessen Wirkung versteht, nicht recht vereinbar ist. Und wir sollten nicht versuchen, diesen Widerspruch zuzudecken. Es ist der Widerspruch zwischen dem verborgenen Dogmatiker – man denke auch an die grandiose Einseitigkeit der Theatertheorie – und dem Dialektiker Brecht.

Wir halten es mit diesem. Und so sollte es für uns nicht heißen: wir haben seine Vorschläge angenommen, sondern: wir wollen sie überdenken, weiterdenken. Dann wären wir alle geehrt.

Auswahlbibliographie
Zusammengestellt von Peter Bödeker

Grimm, Reinhold: *Bertolt Brecht.* 3. Aufl. – Stuttgart 1971 (= Sammlung Metzler). (Darin bibliographische Angaben)

Knopf, Jan: *Bertolt Brecht. Ein kritischer Forschungsbericht. Fragwürdiges in der Brecht-Forschung.* – Frankfurt/M. 1974. (Darin Auswahlbibliographie)

Marsch, Edgar: *Brecht-Kommentar zum lyrischen Werk.* – München 1974. (Darin Bibliographie zu Brechts Lyrik)

Arendt, Hannah: *Der Dichter Bertolt Brecht.* – In: *Die Neue Rundschau* 61 (1950), S. 53-67.

Baacke, Dieter und Wolfgang Heydrich: *Glück und Geschichte. Anmerkungen zur Lyrik Bertolt Brechts.* – In: *Text + Kritik. Sonderband Bertolt Brecht II.* München 1973, S. 5-19.

Baumgärtner, Klaus: *Interpretation und Analyse. Brechts Gedicht ›Die Literatur wird durchforscht werden‹.* – In: *SuF* 12 (1960), S. 395-415.

Benjamin, Walter: *Versuche über Brecht.* Hrsg. u. mit einem Nachwort versehen von R. Tiedemann. – Frankfurt/M. 1966.

Birkenhauer, Klaus: *Die eigenrhythmische Lyrik Bertolt Brechts. Theorie eines kommunikativen Sprachstils.* – Tübingen 1971.

Bloch, Ernst: *Lied der Seeräuberjenny in der ›Dreigroschenoper‹.* – In: E. B.: *Literarische Aufsätze.* Frankfurt/M. 1965.

Blume, Bernhard: *Das ertrunkene Mädchen. Rimbauds Ophélie und die deutsche Literatur.* – In: *GRM* NF 4 (1954), S. 108-119.

Blume, Bernhard: *Motive der frühen Lyrik Bertolt Brechts. 1. Der Tod im Wasser. 2. Der Himmel der Enttäuschten.* – In: *Monatshefte* 57 (1965), S. 97-112 und S. 273-281.

Bödeker, Peter: *Das Ende der Naturlyrik? Brechts Gedichte über das Verhältnis von Natur und Gesellschaft.* – In: Norbert Mecklenburg (Hrsg.), *Naturlyrik und Gesellschaft.* Stuttgart 1977, S. 163-178.

Brady, P. V.: *›Aus einem Lesebuch für Städtebewohner‹: On a Brecht Essay in Obliqueness.* – In: *GLL* 26 (1972/73), S. 160-172.

Bräutigam, Kurt: *Moderne deutsche Balladen. Versuche zu ihrer Deutung.* – Frankfurt/M., Berlin, Bonn, München 1968.

Bräutigam, Kurt: *Von der Freundlichkeit der Welt.* – In: *Interpretationen zur Lyrik Brechts.* Hrsg. v. R. Hirschenauer u. A. Weber. – München 1971, S. 42-56.

Bunge, Hans-Joachim: *Das ›Manifest‹ von Bertolt Brecht. Notizen zur Entstehungsgeschichte.* – In: *SuF* 15 (1963), S. 184-203.

Bunge, Hans: *Fragen Sie mehr über Brecht. Hanns Eisler im Gespräch.* – München 1972.

Cases, Cesare: *Der Pflaumenbaum. Brecht, Benjamin und die Natur.* – In: *Studi Germanici* 3 (1965), S. 211-237.
Dietz, Günter: *Bertolt Brechts dialektische Lyrik.* – In: *DU* 18 (1966), S. 66-77.
Dittberner, Hugo: *Die Philosophie der Landschaft in Brechts ›Buckower Elegien‹.* – In: *Text + Kritik. Sonderband Bertolt Brecht II.* München 1973, S. 54-65.
Ducke, Gerold: *›Böser Morgen‹. Brecht nach dem 17. Juni.* – In: *Berliner Hefte* (1977), H. 4, S. 30-33.
Esslin, Martin: *Brecht. Das Paradox des politischen Dichters.* – Frankfurt/M. und Bonn 1962.
Ewen, Frederic: *Bertolt Brecht. Sein Leben, sein Werk, seine Zeit.* – Frankfurt/M. 1973. (= suhrkamp taschenbuch 141).
Fischer, Ernst: *Das Einfache, das schwer zu machen ist. Notizen zur Lyrik Bertolt Brechts.* – In: *SuF* 9 (1957), Sonderheft 2 Bertolt Brecht, S. 124-138.
Fortini, Franco: *Brecht oder das sprechende Pferd.* – In: F. F.: *Die Vollmacht. Literatur von heute und ihr sozialer Auftrag.* Wien, Frankfurt, Zürich 1968, S. 217-233.
Fradkin, Ilja: *Bertolt Brecht. Weg und Methode.* – Frankfurt/M. 1974.
Geißler, Rolf: *Zur Struktur der Lyrik Bertolt Brechts.* – In: *WW* 8 (1958), H. 6, S. 347-352.
Geißler, Rolf: *Das biographisch-politische Gedicht.* – In: *Interpretationen zur Lyrik Brechts.* München 1971, S. 100-117.
Girnus, Wilhelm: *Nationalbewußtsein in Brechts Lyrik.* – In: *SuF* 16 (1964), S. 681-691.
Gnüg, Hiltrud: *Gespräch über Bäume. Zur Brecht-Rezeption in der modernen Lyrik.* – In: R. Grimm, J. Hermand (Hrsg.): Basis. Jahrbuch für deutsche Gegenwartsliteratur, Bd. 7. Frankfurt/M. 1977, S. 89-117. (= suhrkamp taschenbuch 420).
Grimm, Reinhold: *Bertolt Brecht und die Weltliteratur.* – Nürnberg 1961.
Grimm, Reinhold: *Marxistische Emblematik. Zu Bertolt Brechts ›Kriegsfibel‹.* – In: *Wissenschaft als Dialog. Studien zur Literatur und Kunst seit der Jahrhundertwende.* Hrsg. v. R. v. Heydebrand und K. G. Just. Stuttgart 1969, S. 351-379.
Haase, Horst: *Bertolt Brechts ›Erziehung der Hirse‹ und Fragen der Retrospektive.* – In: *WB* 4 (1958), *Sonderheft Bertolt Brecht,* S. 65-74.
Helwig, Werner: *Bertolt Brechts Poesie und Politik. Zur gesellschaftlichen Aufgabe seiner Gedichte.* – In: *Merkur* 16 (1962) S. 933-943.
Herzfelde, Wieland: *Der Lyriker Bertolt Brecht.* – In: *Aufbau* (Berlin) Jg. 1951, H. 7, S. 1097-1104.
Heselhaus, Clemens: *Die Masken des Bertolt Brecht.* – In: C. H.: *Deutsche Lyrik der Moderne von Nietzsche bis Yvan Goll. Die Rückkehr zur Bildlichkeit der Sprache.* Düsseldorf 1961, S. 321-338.

Heselhaus, Clemens: *Brechts Verfremdung der Lyrik.* – In: *Immanente Ästhetik. Ästhetische Reflexion. Lyrik als Paradigma der Moderne.* Kolloquium Köln 1964. Hrsg. v. W. Iser. München 1966, S. 307-326 (Diskussion S. 518-523).
Heybey, Wolfgang: *Der Mensch vor der Zukunft. Eine vergleichende Betrachtung von Gedichten G. Benns und B. Brechts.* – In: *Päd. Prov.* 15 (1961), S. 337-349.
Hildebrand, Alexander: *Bert Brechts Alterslyrik.* – In: *Merkur* 20 (1966), S. 952-962.
Hinck, Walter: *Die deutsche Ballade von Bürger bis Brecht. Kritik und Versuch einer Neuorientierung.* – 3. Aufl. Göttingen 1978. (= Kleine Vandenhoeck-Reihe 273 S).
Hinck, Walter: *Von Heine zu Brecht – Lyrik im Geschichtsprozeß.* – Frankfurt/M. 1978. (*suhrkamp taschenbuch* 481).
Hirschenauer, Rupert und Albrecht Weber (Hrsg.): *Interpretationen zur Lyrik Brechts. Beiträge eines Arbeitskreises.* – München 1973.
Hoefert, Sigfrid: *Brechts Nachdichtung von Mao Tse-tungs ›Schnee‹.* – In: *Neophilologus* 53 (1969), S. 48-55.
Holthusen, Hans Egon: *Versuch über Brecht.* – In: H. E. H.: *Kritisches Verstehen. Neue Aufsätze zur Literatur.* München 1961, S. 7-137.
Jakobson, Roman: *Der grammatische Bau des Gedichts von B. Brecht ›Wir sind sie‹.* – In: *Alternative* 12 (1969) H. 65, S. 62-74.
Jens, Walter: *Gelegenheitsdichtung des jungen Brecht.* – In: *Stimmen der Zeit* 10 (1958), S. 276-289.
Jens, Walter: (Nachwort). – In: *Bertolt Brecht. Ausgewählte Gedichte.* Auswahl v. S. Unseld. Frankfurt/M. 1964 (= *edition suhrkamp* 86); S. 83-93.
Kaden, W.: *Anregungen zum ›Solidaritätslied‹ von Bertolt Brecht und Hanns Eisler. Zur Behandlung im Musikunterricht der Klasse 10.* – In: *Musik in der Schule* 11 (1960), S. 11-17.
Kaufmann, Hans: *Brecht, die Entfremdung und die Liebe. Zur Gestaltung der Geschlechterbeziehungen im Werk Brechts.* – In: *WB* 1 (1965), S. 84-101.
Kersten, Paul: *Bertolt Brechts Epigramme. Anmerkungen zu einigen Kurzgedichten.* – In: *Text + Kritik. Sonderband Bertolt Brecht II.* München 1973, S. 66-73.
Killy, Walther: *Das Nichts gegenüber. Der junge Brecht.* – In: W. K.: *Wandlungen des lyrischen Bildes.* 5. Aufl. Göttingen 1976, S. 136-153.
Klotz, Volker: *Schlechte Zeit für Lyrik. Zu Gedichten von Bertolt Brecht.* – In: V. K.: *Kurze Kommentare zu Stücken und Gedichten.* – Darmstadt 1962, S. 70-79.
Knapp, Gerhard P.: *Welt und Wirklichkeit. Zur späten Lyrik Bertolt Brechts.* – In: *Text + Kritik. Sonderband Bertolt Brecht II.* München 1973, S. 41-53.

Koerner, Charlotte: *Das Verfahren der Verfremdung in Brechts früher Lyrik.* – In: *Brecht heute / Brecht today. Jahrbuch der Internationalen Brecht-Gesellschaft.* Jg. 3 (1973), S. 173-197.
Kraft, Werner: *Krisen Brechts im Gedicht.* – In: W. K.: *Augenblicke der Dichtung.* München 1964, S. 176-183.
Krusche, Dietrich: *Dialektik des Wissens. Die Lehr- und Lerngedichte Bertolt Brechts.* – In: *DU* 23 (1971) H. 1, S. 21-35.
Kuhnert, Heinz: *Zur Rolle des ›Songs‹ im Werk von Bertolt Brecht.* – In: *NDL* 11 (1963) H. 3, S. 77-100.
Leeuwe, Hans de: *Brechts Sonett über Kleists ›Prinz von Homburg‹ oder: Ein Dichter als Leser.* – In: *Dichter und Leser. Studien zur Literatur.* Hg. v. F. v. Ingen u. a. Groningen 1972, S. 261-275.
Lerg-Kill, Ulla C.: *Dichterwort und Parteiparole. Propagandistische Gedichte und Lieder Bertolt Brechts.* – Bad Homburg v. d. H., Berlin, Zürich 1968.
Link, Jürgen: *Die Struktur des literarischen Symbols. Theoretische Beiträge am Beispiel der späten Lyrik Brechts.* – München 1975.
Lyon, James U.: *Bertolt Brecht und Rudyard Kipling.* – Frankfurt/M. 1976. (= *edition suhrkamp* 804).
Marnette, Hans: *Bertolt Brecht: ›Lob des Kommunismus‹.* – In: *DU* 16 (1963) H. 11, S. 573-577.
Mayer, Hans: *Über Brechts Gedichte.* – In: *Etudes Germaniques* 20 (1965), S. 269-274.
Mayer, Hans: *Gelegenheitsdichtung des jungen Brecht.* – In: H. M.: *Anmerkungen zu Brecht.* Frankfurt/M. 1965 (= *edition suhrkamp* 143), S. 24-45.
Mayer, Hans: *Bertolt Brecht und die Tradition.* – In: *Brecht in der Geschichte. Drei Versuche.* Frankfurt/M. 1971. (= *Bibliothek Suhrkamp* 284).
McLean, Sammy Kay: *The ›Bänkelsang‹ and the Work of Bertolt Brecht.* – The Hague / Paris 1972.
Meier-Lenz, D. P.: *Brecht und der Pflaumenbaum.* – In: *Neue deutsche Hefte* 18 (1971) H. 129, S. 40-48.
Mennemeier, Franz Norbert: *Bertolt Brecht als Elegiker.* – In: *DU* 23 (1971) H. 1, S. 59-73.
Merkelbach, Valentin (Hrsg.): *Kontroverse Interpretationen Brechtscher Lyrik. Texte zur Ideologiekritik im Deutschunterricht.* 2. Aufl. – Frankfurt/M., Berlin, München 1974.
Mittenzwei, Werner: *Brechts Verhältnis zur Tradition.* – Berlin 1972.
Mittenzwei, Werner: *Brecht und die Probleme der deutschen Klassik.* – In: *SuF* 25 (1973), S. 135-168.
Morley, Michael: *›Progress is the Law of Life‹. Brecht's Poem ›Die Internationale‹.* – In: *GLL* 23 (1969/70) H. 1, S. 255-268.
Morley, Michael: *Brecht's »Beim Lesen des Horaz«. An Interpretation.*

– In: *Monatshefte* 63 (1971), S. 372-379.
Morley, Michael: *An Investigation and Interpretation of Two Brecht-Poems.* – In: *GR* 46 (1971), S. 5-25.
Motekat, Helmut: *Bertolt Brecht: ›Von der Freundlichkeit der Welt‹.* – In: *Orbis Litterarum* 19 (1964), S. 145-151.
Müller, Joachim: *Bertolt Brecht und sein lyrisches Lebenswerk.* – In: *Universitas* 19 (1964), S. 479-492.
Müller, Joachim: *Zu einigen späten Spruchgedichten Brechts.* – In: *Orbis Litterarum* 20 (1965), S. 66-81.
Müller, Joachim: *Phasen und Formen von Brechts Lyrik.* – In: J. M.: *Gesammelte Studien.* Bd. 3. *Epik, Dramatik, Lyrik.* Halle (Saale) 1974, S. 410-430.
Müller, Klaus-Detlef: *Die Funktion der Geschichte im Werk Bertolt Brechts. Studien zum Verhältnis von Marxismus und Ästhetik.* – 2. Aufl. Tübingen 1972.
Muschg, Walter: *Der Lyriker Bertolt Brecht.* – In: W. M.: *Von Trakl zu Brecht. Dichter des Expressionismus.* München 1961, S. 335-365.
Neumann, Peter Horst: *Der Weise und der Elefant. Zwei Brecht-Studien.* München 1970.
Pfeiffer, Johannes: *Zwischen dichterischer Wahrheit und politischer Ideologie. Über die Lyrik von Bertolt Brecht.* – In: J. P.: *Denken, Glauben.* 1967, S. 140-155.
Picard, Max: *Bertolt Brecht: ›Legende von der Entstehung des Buches Taoteking auf dem Wege des Laotse in die Emigration‹.* – In: *Universitas* 18 (1963), S. 167-171.
Pietzcker, Carl: *Die Lyrik des jungen Brecht. Vom anarchischen Nihilismus zum Marxismus.* – Frankfurt/M. 1974.
Pietzcker, Carl: *Von der Kindesmörderin Marie Farrar.* – In: *Brechtdiskussion.* Kronberg/Taunus 1974, S. 172-206.
Pongs, Hermann: *Erneuerung der Ballade. Bertolt Brecht.* – In: H. P.: *Das Bild in der Dichtung.* Marburg 1969, S. 153-167.
Qualmann, Eva: *Klangformanalyse der Lyrik von Bertolt Brecht. An ausgewählten Beispielen dargelegt.* – Diss. masch. Greifswald 1968.
Reich-Ranicki, Marcel: *Bertolt Brecht, Erinnerung an die Marie A. – Das dialektische Liebesgedicht.* – In: Frankfurter Allgemeine Zeitung, 24. 9. 1977.
Rey, William H.: *Hohe Lyrik im Bordell. Bertolt Brechts Gedicht ›Die Liebenden‹.* – In: *Monatshefte* 63 (1971) S. 1-18.
Richter, Hans: *Brechts Bemerkungen zur Lyrik. – Die Lyrik Bertolt Brechts.* – In: H. R.: *Verse, Dichter, Wirklichkeiten. Aufsätze zur Lyrik.* Berlin/Weimar 1970, S. 20-49 und S. 129-157.
Riege, Helga: *Zwei Wiegenlieder Brechts.* – In: *Wiss. Zs. der Friedrich-Schiller-Univ. Jena. Geistes- und Sprachwiss. Reihe* 6 (1956/57), S. 733-737.

Riha, Karl: *Notizen zur ›Legende vom toten Soldaten‹. Ein Paradigma der frühen Lyrik Brechts.* – In: *Text + Kritik. Sonderband Bertolt Brecht II.* München 1973, S. 30-40.
Riha, Karl: *Moritat, Bänkelsong, Protestballade.* – Frankfurt/M. 1975.
Rotermund, Erwin: *Die Parodie in der modernen deutschen Lyrik.* – München 1963.
Rückert, Gerhard: *Die Epistel als literarische Gattung. Horaz–Mörike–Brecht.* – In: *WW* 22 (1972), S. 58-70.
Sachs, Hella: *›Entdeckung an einer jungen Frau‹. Ein Sonett von Bertolt Brecht.* – In: *NDH* 10 (1963) H. 92, S. 60-64.
Schäfer, Walter E.: *Der verfremdende Doppelpunkt Brechts.* – In: *Sprachkunst* 3 (1972), S. 278-284.
Schlenstedt, Dieter: *Beispiel einer Rezeptionsvorgabe: Brechts Gedicht ›Der Rauch‹.* – In: *Gesellschaft Literatur Lesen.* Hrsg. v. M. Naumann. Berlin und Weimar 1975, S. 354-380.
Schlenstedt, Silvia: *Brechts Übergang zum sozialistischen Realismus in der Lyrik.* – In: *WB* 4 (1958), *Sonderheft Bertolt Brecht,* S. 59-64.
Schlenstedt, Silvia: *Die Chroniken in den ›Svendborger Gedichten‹. Eine Untersuchung zur Lyrik Brechts.* Diss. masch. Berlin (Humboldt-Univ.) 1959.
Schlenstedt, Silvia: *›Kinderkreuzzug 1939‹.* – In: *WB Brecht-Sonderheft* (1968), S. 12-38.
Schlenstedt, Silvia: *Tätiger Widerstand im Gedicht.* – In: *Kürbiskern* 2 (1975), S. 80-87.
Schöne, Albrecht: *Bertolt Brecht. Erinnerung an die Marie A.* – In: *Die deutsche Lyrik. Form und Geschichte.* Hrsg. v. Benno von Wiese. Bd. 2. Düsseldorf 1964, S. 485-494.
Schöne, Albrecht: *Über Politische Lyrik im 20. Jahrhundert.* – 3. Aufl. Göttingen 1972. (= Kleine Vandenhoeck-Reihe 228/229).
Schuhmann, Klaus: *Der Lyriker Bertolt Brecht. 1913-1933.* – München 1971. (Zuerst: Berlin 1964).
Schuhmann, Klaus: *Themen und Formen der späten Lyrik Brechts.* – In: *WB* 14 (1968), Sonderheft 1, S. 39-60.
Schuhmann, Klaus: *Bertolt Brechts Hauspostille. Beiheft zum Faksimile-Druck.* – Frankfurt/M. 1970.
Schuhmann, Klaus: *Untersuchungen zur Lyrik Brechts. Themen, Formen, Weiterungen.* – Berlin/Weimar 1973.
Schwarz, Peter Paul: *Legende und Wirklichkeit des Exils. Zum Selbstverständnis der Emigration in den Gedichten Brechts.* – In: *WW* 19 (1969), S. 267-276.
Schwarz, Peter Paul: *Brechts frühe Lyrik 1914-1922. Nihilismus als Werkzusammenhang der frühen Lyrik Brechts.* – Bonn 1971. (= *Abhandlungen zur Kunst-, Musik- und Literaturwissenschaft* 111).
Sölle, Dorothee: *Bertolt Brechts Weihnachtsgedichte, interpretiert im*

Zusammenhang seiner lyrischen Theorie. – In: *Euphorion* 61 (1967), S. 84-103.
Steffensen, Steffen: *Brecht und Rimbaud. Zu den Gedichten des jungen Brecht.* – In: *ZfdPh* 84 (1965), Sonderband, S. 82-89.
Steffensen, Steffen: *Bertolt Brechts Gedichte.* – Kopenhagen 1972. (= *Kopenhagener germanistische Studien* 2).
Sträter, Hans H.: *Die Gedichte der ›Hauspostille‹. Untersuchungen zur frühen Lyrik Bertolt Brechts.* Diss. masch. Tübingen 1968.
Tatlow, Antony: *Brechts chinesische Gedichte.* – Frankfurt/M. 1973.
Thole, Bernward: *Die »Gesänge« in den Stücken Bertolt Brechts. Zur Geschichte und Ästhetik des Liedes im Drama.* – Göppingen 1973.
Tracy, Gordon L.: *›Das Gestische‹ and the Poetry of Brecht.* – In: G.L.T.: *Essays on German Literature.* 1968, S. 218-235.
Walter, Hans-Albert: *Der Dichter der Dialektik. Anmerkungen zu Brechts Lyrik aus der Reifezeit.* – In: *Frankfurter Hefte* 18 (1963), S. 532-543.
Weber, Albrecht: *Zu Liebesgedichten Bert Brechts.* – In: *Interpretationen zur Lyrik Brechts.* Hrsg. v. R. Hirschenauer u. A. Weber. 1971. S. 57-87.
Weisbach, Reinhard: *Das Paradigma des Gedichts in ›Bertolt Brechts Hauspostille‹. Ein Beitrag zum Verhältnis des jungen Brecht zur Tradition und zum Expressionismus.* – Diss. masch. Berlin (Humboldt-Univ.) 1966.
Weisstein, Ulrich: *»Apfelböck oder die Lilie auf dem Felde«. Zur Interpretation eines Gedichts aus Bertolt Brechts ›Hauspostille‹.* – In: *German Quarterly* Vol. 45 (1972), S. 295-310.
Wellmann-Bretzigheimer, Gerlinde: *Brechts Gedicht ›Die Vögel warten im Winter vor dem Fenster‹.* – In: R. Grimm, J. Hermand (Hrsg.): *Basis. Jahrbuch für deutsche Gegenwartsliteratur,* Bd. 6. Frankfurt/M. 1976, S. 97-114. (= *suhrkamp taschenbuch* 340).
Wessels, Paul B.: *Die Veränderbarkeit der Welt durch Dichtung. Brecht und Benn: These und Gegenthese.* – In: *Dichter und Leser. Studien zur Literatur.* Hrsg. v. F. v. Ingen u. a. Groningen 1972.
Zweig, Arnold: *Brechts ›Lieder Gedichte Chöre‹.* – In: *SuF* 9 (1957), *Sonderheft 2 Bertolt Brecht,* S. 239-240.

Text-Nachweise

Max Frisch: *Gedichte, die standhalten ...*
werkausgabe edition suhrkamp . . . . Bd. 4, S. 538-543

Gedichte Brechts zitiert nach *werkausgabe edition suhrkamp*

Vom armen B. B.	Bd. 8, S. 261-263
Entdeckung an einer jungen Frau	Bd. 8, S. 160
Von der Willfährigkeit der Natur	Bd. 8, S. 194-195
Lob des Revolutionärs	Bd. 9, S. 466-467
Deutschland (1933)	Bd. 9, S. 487-488
Ausschließlich wegen der zunehmenden Unordnung	Bd. 9, S. 519
Gedanken über die Dauer des Exils	Bd. 9, S. 719-720
Schlechte Zeit für Lyrik	Bd. 9, S. 743-744
Fragen eines lesenden Arbeiters	Bd. 9, S. 656-657
Die Literatur wird durchforscht werden	Bd. 9, S. 740-741
Liebeslied aus einer schlechten Zeit	Bd. 9, S. 748
1940	Bd. 9, S. 817-819
An die Nachgeborenen	Bd. 9, S. 722-725
Hollywood-Elegien	Bd. 10, S. 849-850
Das Lied von der Moldau	Bd. 5, S. 1968
Antigones letzte Rede	Bd. 10, S. 1012
Gedichte	Bd. 9, S. 94-95
Rückkehr	Bd. 10, S. 858
Liebeslieder	Bd. 10, S. 993-994
Ein neues Haus	Bd. 10, S. 962
Die Lösung	Bd. 10, S. 1009-1010
Eisen	Bd. 10, S. 1012
Vergnügungen	Bd. 10, S. 1022
Schwierige Zeiten	Bd. 10, S. 1029
Ich benötige keinen Grabstein	Bd. 10, S. 1029

522 Mircea Eliade, Die Pelerine
523 Hans Erich Nossack, Der Untergang
524 Jerzy Andrzejewski, Jetzt kommt über dich das Ende
525 Günter Eich, Aus dem Chinesischen
526 Gustaf Gründgens, Wirklichkeit des Theaters
528 René Schickele, Die Flaschenpost
529 Flann O'Brien, Das Barmen
533 Wolfgang Hildesheimer, Biosphärenklänge
534 Ingeborg Bachmann, Malina
535 Ludwig Wittgenstein, Vermischte Bemerkungen
536 Zbigniew Herbert, Ein Barbar in einem Garten
537 Rainer Maria Rilke, Ewald Tragy
538 Robert Walser, Die Rose
539 Malcolm Lowry, Letzte Adresse
540 Boris Vian, Die Gischt der Tage
541 Hermann Hesse, Josef Knechts Lebensläufe
542 Hermann Hesse, Magie des Buches
543 Hermann Lenz, Spiegelhütte
544 Federico García Lorca, Gedichte
545 Ricarda Huch, Der letzte Sommer
546 Wilhelm Lehmann, Gedichte
547 Walter Benjamin, Deutsche Menschen
548 Bohumil Hrabal, Tanzstunden für Erwachsene und Fortgeschrittene
549 Nelly Sachs, Gedichte
550 Ernst Penzoldt, Kleiner Erdenwurm
551 Octavio Paz, Gedichte
552 Luigi Pirandello, Einer, Keiner, Hunderttausend
553 Strindberg, Traumspiel
554 Carl Seelig, Wanderungen mit Robert Walser
555 Gershom Scholem, Von Berlin nach Jerusalem
556 Thomas Bernhard, Immanuel Kant
557 Ludwig Hohl, Varia
559 Raymond Roussel, Locus Solus
560 Jean Gebser, Rilke und Spanien
561 Stanisław Lem, Die Maske · Herr F.
562 Raymond Chandler, Straßenbekanntschaft Noon Street
563 Konstantin Paustowskij, Erzählungen vom Leben
564 Rudolf Kassner, Zahl und Gesicht
565 Hugo von Hofmannsthal, Das Salzburger große Welttheater
567 Siegfried Kracauer, Georg
568 Valery Larbaud, Glückliche Liebende ...

570 Graciliano Ramos, Angst
571 Karl Kraus, Über die Sprache
572 Rudolf Alexander Schröder, Ausgewählte Gedichte
573 Hans Carossa, Rumänisches Tagebuch
574 Marcel Proust, Combray
575 Theodor W. Adorno, Berg
576 Vladislav Vančura, Der Bäcker Jan Marhoul
577 Mircea Eliade, Die drei Grazien
578 Georg Kaiser, Villa Aurea
580 Elias Canetti, Aufzeichnungen
581 Max Frisch, Montauk
582 Samuel Beckett, Um abermals zu enden
583 Mao Tse-tung, 39 Gedichte
584 Ernst Kreuder, Die Gesellschaft vom Dachboden
585 Peter Weiss, Der Schatten des Körpers des Kutschers
586 Herman Bang, Das weiße Haus
587 Herman Bang, Das graue Haus
588 Hermann Broch, Menschenrecht und Demokratie
589 D. H. Lawrence, Auferstehungsgeschichte
590 O'Brien, Zwei Vögel beim Schwimmen
591 André Gide, Die Rückkehr des verlorenen Sohnes
592 Jean Gebser, Lorca oder das Reich der Mütter
593 Robert Walser, Der Spaziergang
594 Natalia Ginzburg, Caro Michele
595 Rachel de Queiroz, Das Jahr 15
596 Hans Carossa, Ausgewählte Gedichte
600 Thomas Bernhard, Ja
601 Marcel Proust, Der Gleichgültige
602 Hans Magnus Enzensberger, Mausoleum
603 Stanisław Lem, Golem XIV
604 Max Frisch, Der Traum des Apothekers von Locarno
605 Ludwig Hohl, Vom Arbeiten · Bild
606 Herman Bang, Exzentrische Existenzen
607 Guillaume Apollinaire, Bestiarium
608 Hermann Hesse, Klingsors letzter Sommer
609 René Schickele, Die Witwe Bosca
610 Machado de Assis, Der Irrenarzt
611 Wladimir Trendrjakow, Die Nacht nach der Entlassung
612 Peter Handke, Die Angst des Tormanns beim Elfmeter
614 Bernhard Guttmann, Das alte Ohr
616 Ludwig Wittgenstein, Bemerkungen über die Farbe
617 Paul Nizon, Stolz
618 Alexander Lernet-Holenia, Die Auferstehung des Maltravers
619 Jean Tardieu, Mein imaginäres Museum
624 Ludwig Hohl, Bergfahrt

818 Gustav Landauer, Erkenntnis und Befreiung
819 Alexander Kluge, Neue Geschichten. Hefte 1-18
820 Wolfgang Abendroth, Ein Leben in der Arbeiterbewegung
821 Otto Kirchheimer, Von der Weimarer Demokratie zum Faschismus
822 Verfassung, Verfassungsgerichtsbarkeit, Politik. Herausgegeben von Mehdi Tohidipur
823 Rossana Rossanda / Lucio Magri u. a., Der lange Marsch durch die Krise
824 Altvater/Basso/Mattick/Offe u. a., Rahmenbedingungen und Schranken staatlichen Handelns
825 Diskussion der ›Theorie der Avantgarde‹. Herausgegeben von W. Martin Lüdke
826 Fischer-Seidel, James Joyces »Ulysses«
827 Gesellschaft, Beiträge zur Marxschen Theorie 7
828 Rolf Knieper, Weltmarkt, Wirtschaftsrecht und Nationalstaat
829 Michael Müller, Die Verdrängung des Ornaments
830 Manuela du Bois-Reymond, Verkehrsformen zwischen Elternhaus und Schule
831 Henri Lefebvre, Einführung in die Modernität
832 Herbert Claas, Die politische Ästhetik Bertolt Brechts vom Baal zum Caesar
833 Peter Weiss, Dramen I
834 Friedensanalysen 2
835-838 Bertolt Brecht, Gedichte in 4 Bänden
839 Géza Róheim, Psychoanalyse und Anthropologie
840 Aus der Zeit der Verzweiflung. Beiträge von Becker/Bovenschen/Brackert u. a.
841 Fernando H. Cardoso/Enzo Faletto, Abhängigkeit und Entwicklung in Lateinamerika
842 Alexander Herzen, Die gescheiterte Revolution
844 Otthein Rammstedt, Soziale Bewegung
845 Ror Wolf, Die Gefährlichkeit der großen Ebene
847 Friedensanalysen 3
848 Dieter Wellershoff, Die Auflösung des Kunstbegriffs
849 Samuel Beckett, Glückliche Tage
850 Basil Bernstein, Beiträge zu einer Theorie
851 Hobsbawm/Napolitano, Auf dem Weg zum ›historischen Kompromiß‹
852 Über Max Frisch II
853 Brecht-Jahrbuch 1976
854 Julius Fučík, Reportage unter dem Strang geschrieben
856 Dieter Senghaas, Weltwirtschaftsordnung und Entwicklung
857 Peter V. Zima, Kritik der Literatursoziologie
858 Silvio Blatter, Genormte Tage, verschüttete Zeit
859 Russell Jacoby, Soziale Amnesie
860 Gombrich/Hochberg/Black, Kunst, Wahrnehmung, Wirklichkeit

861 Blanke/Offe/Ronge u.a., Bürgerlicher Staat und politische Legitimation. Herausgegeben von Rolf Ebbighausen
863 Gesellschaft, Beiträge zur Marxschen Theorie 8/9
864 Über Wolfgang Koeppen. Herausgegeben von Ulrich Greiner
866 Fichant/Pêcheux, Überlegungen zur Wissenschaftsgeschichte
867 Ernst Kris, Die ästhetische Illusion
868 Brede/Dietrich/Kohaupt, Politische Ökonomie des Bodens
870 Umwälzung einer Gesellschaft. Herausgegeben von Richard Lorenz
871 Friedensanalysen 4
872 Piven/Cloward, Regulierung der Armut
873 Produktion, Arbeit, Sozialisation. Herausgegeben von Th. Leithäuser und W. R. Heinz
874 Max Frisch/Hartmut von Hentig, Zwei Reden zum Friedenspreis des Deutschen Buchhandels 1976
875 Eike Hennig, Bürgerliche Gesellschaft und Faschismus in Deutschland
877 Starnberger Studien 1
878 Leithäuser/Volmerg/Wutka, Entwurf zu einer Empirie
879 Peter Bürger, Aktualität und Geschichtlichkeit
880 Tilmann Moser, Verstehen, Urteilen, Verurteilen
881 Loch/Kernberg u. a., Psychoanalyse im Wandel
882 Michael T. Siegert, Strukturbedingungen von Familienkonflikten
883 Erwin Piscator, Theater der Auseinandersetzung
884 Politik der Subjektivität. Texte der italienischen Frauenbewegung, Herausgegeben von Michaela Wunderle
885 Hans Dieter Zimmermann, Vom Nutzen der Literatur
886 Gesellschaft, Beiträge zur Marxschen Theorie 10
887 Über Hans Mayer, Herausgegeben von Inge Jens
888 Nicos Poulantzas, Die Krise der Diktaturen
889 Alexander Weiß, Bericht aus der Klinik
890 Bergk/Ewald/Fichte u. a., Aufklärung und Gedankenfreiheit. Herausgegeben und eingeleitet von Zwi Batscha
891 Friedensanalysen 5
892 Franz L. Neumann, Wirtschaft, Staat, Demokratie
893 Georges Politzer, Kritik der Grundlagen der Psychologie
895 Umberto Eco, Zeichen. Einführung in einen Begriff und seine Geschichte
897 Ralph-Rainer Wuthenow, Muse, Maske, Meduse
898 Cohen/Taylor, Ausbruchversuche. Identität und Widerstand
901 Der bürgerliche Rechtsstaat. Herausgegeben von Mehdi Tohidipur
902 Ernest Borneman, Psychoanalyse des Geldes
904 Alfred Sohn-Rethel, Warenform und Denkform
905 Beiträge zur Soziologie der Gewerkschaften. Hrsg. von Joachim Bergmann
906 Brecht-Jahrbuch 1977
907 Horst Kern, Michael Schumann, Industriearbeit und Arbeiterbewußtsein
908 Julian Przybós, Werkzeug aus Licht
910 Peter Weiss, Stücke II

913 Martin Walser, Das Sauspiel mit Materialien. Herausgegeben von Werner Brändle
916 Dürkop/Hardtmann (Hrsg.), Frauen im Gefängnis
917 Bowles S./Gintis H., Pädagogik und die Widersprüche der Ökonomie
918 Klaus-Martin Groth, Die Krise der Staatsfinanzen
920 Tagträume vom aufrechten Gang. Sechs Interviews mit Ernst Bloch, Herausgegeben von Arno Münster
922 Anderson, Von der Antike zum Feudalismus
923 Sozialdemokratische Arbeiterbewegung, Band 1, Herausgegeben von Wolfgang Luthardt
925 Friedensanalysen 6
927 Ausgewählte Gedichte Brechts, Herausgegeben von Walter Hinck
928 Betty Nance Weber, Brechts ›Kreidekreis‹
929 Auf Anregung Bertolt Brechts: Lehrstücke. Herausgegeben von Reiner Steinweg
930 Walter Benjamin, Briefe 1 und 2. Herausgegeben von Gershom Scholem und Theodor W. Adorno
933 Ute Gerhard, Verhältnisse und Verhinderungen
934 Sozialdemokratische Arbeiterbewegung, Band 2, Herausgegeben von Wolfgang Luthardt
935 Literatur ist Utopie. Herausgegeben von Gert Ueding
936 Berger/Heßler/Kavemann, Brot für heute, Hunger für morgen
938 Habermas, Bovenschen u. a., Gespräche mit Marcuse
939 Thomas Brasch, Rotter Und weiter
940 Simone Weil, Fabriktagebuch
941 Ute Volmerg, Identität und Arbeitserfahrung
943 Gewerkschaften und Strafvollzug, Hrsg. v. Lüderssen u. a.
944 Alexander von Brünneck, Politische Justiz
949 Julia Kristeva, Die Revolution der poetischen Sprache
954 Elias/Lepenies, Zwei Reden. Theodor W. Adorno-Preis 1977
955 Friedensanalysen 7
956 Brecht-Jahrbuch 1978. Hrsg. Fuegi/Grimm/Hermand
957 Gesellschaft, Beiträge zur Marxschen Theorie 11
958 Friedensanalysen 8
959 Martin Walser, Wer ist ein Schriftsteller?
960 Albert Soboul, Französische Revolution und Volksbewegung
963 Starnberger Studien 2
968 Frauen, die pfeifen. Herausgegeben von R. Geiger, H. Holinka, C. Rosenkranz, S. Weigel
969 Ernst Bloch, Die Lehren von der Materie
971 Siegfried Kracauer, Jacques Offenbach
974 Jirí Kosta, Abriß der sozialökonomischen Entwicklung der Tschechoslowakei 1945-1977
979 Bertolt Brecht, Tagebücher 1920-1922
985 Agnes Schoch, Vorarbeiten zu einer pädagogischen Kommunikationstheorie

Alphabetisches Verzeichnis der edition suhrkamp